Die Evangeliencitate
Justins des Märtyrers

in ihrem Wert für die Evangelienkritik

von neuem untersucht

von

Lic. theol. **Wilh. Bousset.**

WIPF & STOCK · Eugene, Oregon

Wipf and Stock Publishers
199 W 8th Ave, Suite 3
Eugene, OR 97401

Die Evngeliencitate Justins des Martyrers in ihrem
Wert fur die Evangelienkritik
By Bousset, Wilhelm
ISBN 13: 978-1-60608-845-6
Publication date 7/13/2009
Previously published by Vandenhoeck & Ruprecht, 1891

Seinem Vater

und

Herrn Senior Dr. Lindenberg

in Dankbarkeit gewidmet.

§ 1. Einleitung.

Die in dieser Arbeit zu behandelnde Frage wurde, nachdem manche Versuche zu ihrer Lösung vorausgegangen, zum ersten Male in umfassender Weise von K. A. Credner (Beiträge zur Einleitung in die biblischen Schriften 1832) in Angriff genommen. (Die vorhergegangene Litteratur ist verzeichnet bei Credner a. a. O. S. 133 ff.) Credner ging von der Beobachtung aus, dass Justin sich bereits von der mündlichen Überlieferung der evangelischen Geschichte gänzlich losgesagt, dass man also nicht zur Erklärung der Eigentümlichkeiten der Citationsweise J.'s auf eine mündliche Tradition rekurrieren dürfe, dass dieser vielmehr glaube, dass in der schriftlichen Überlieferung alles, was sich auf Christum beziehe, niedergelegt sei (conf. Ap. I 33 ^{8} οἱ ἀπομνημονεύσαντες πάντα [1]). Aber schon der Name, den Justin seinen Urkunden gäbe ἀπομνημονεύματα, (gelegentlich) aufgezeichnete Erinnerungen, deute an, dass J. nicht ein abgeschlossener Kreis kanonischer Schriften vorgelegen, so dass, wenn man auch nicht in Abrede stellen könne, dass J. unsre kanonischen Synoptiker gekannt, doch zu vermuten sei, dass er sich bei seinen evangelischen Citaten nicht auf diese beschränkt habe (a. a. O. S. 130 f.). — Er sucht dann in einer sehr sorgfältigen Untersuchung zu beweisen, dass die Citate J.'s ihrer grössten Ausdehnung nach aus einer Quelle stammen, die uns nicht mehr bekannt ist. Er wendet dabei hauptsächlich folgende Grundsätze an: Auf unsre Evangelien lassen sich abweichende Citate nicht zurückführen: 1) wenn der Schriftsteller bei mehrfach wiederholten Anführungen sich in besonders abweichenden Ausdrücken gleich bleibt (a. a. O. S. 214. 218 u. ö.), 2) wenn

---

[1] Ich citiere nach der Ausgabe Ottos, die kleinen beigefügten Zahlen beziehen sich auf die nächste bei Otto vorangegangene Note. D. bedeutet den Dialogus, I und II die erste und zweite Apologie.

mehrere von einander unabhängige Schriftsteller in derselben abweichenden Weise citieren (S. 210), 3) wenn die Citate Aussprüche oder Beziehungen auf Thatsachen enthalten, die sich in unsern Synoptikern nicht finden (S. 212). Nach diesen Grundsätzen wies er mit Sicherheit eine ganze Reihe von Stellen einem von Justin gebrauchten Evangelium zu, das sich mit unsern Synoptikern nicht decke, und von da aus vermutete er auch bei der grösseren Masse der Citate ausserkanonischen Ursprung, während er nur bei wenigen die Benutzung unserer Synoptiker als möglich offen liess (S. 258).

Dann erschloss Credner weiter aus der später vielumstrittenen Stelle D. 106[10], dass Justin sein Evangelium als das des Petrus bezeichne, und brachte für die Vermutung, dass wir es bei J. mit einem petrinischen Evangelium zu thun haben, einige sehr leicht wiegende Beweise aus dem Inhalt der Evangelienfragmente (S. 260 f.). Er benutzte ferner die richtige Beobachtung einer unverkennbaren Übereinstimmung der Herrensprüche in den Anführungen J.'s mit denjenigen, welche in den Klementinischen Homilien vorkommen — wie konnte aber in diesen Schriften ein andres als ein judenchristliches Evangelium benutzt sein! — Er zog dann die Nachricht über das Evangelium des Petrus herbei, die sich bei Euselius hist. eccles. VI 12 findet, in der diesem Evangelium ein doketischer Charakter zugesprochen wird, meinte einen solchen auch in den Evangelienfragmenten Justins zu finden (S. 262 ff.) und stützte sich endlich auf die ihm als erwiesen geltende Vermutung, dass J. Judenchrist gewesen sei. So schloss er seine aus sehr dünnen Fäden gesponnene Beweisführung: „So kann es nicht länger einem Zweifel unterliegen, dass das Evangelium, welches der Mehrzahl von J.'s Anführungen zu Grunde liegt, das Evangelium des Petrus war." Cr. zog dann ferner in einem folgenden Abschnitt, „die Evangelien der Judenchristen" betitelt, die Pseudoklementinischen Schriften, die Fragmente der jüdisch ebionitischen Evangelien, die Praedicatio Petri, die Nachrichten, die man damals von dem Diatessaron Tatians hatte, die eigentümlichen Abweichungen des Cod. Cantabrigiensis (D.), den er für judenchristlichen Ursprungs hielt, in den Kreis seiner Untersuchungen und stützte mit alledem seine Hypothese, der er auch in dem Titel seiner Schrift „die Evangelien der Petriner oder Judenchristen" Ausdruck gab, dass wir es in allen diesen Fragmenten mit mehreren oder wahrscheinlich mit einem judenchristlichen Evangelium zu thun haben, das uns freilich in verschiedenen Redaktionen vorliege.

Gegen Credner trat dann als bestgerüsteter Streiter auf apologetischer Seite Semisch (die apostolischen Denkwürdigkeiten des Märtyrers Justin, Hamburg und Gotha 1848), allerdings schon fussend auf einigen Vorarbeiten ¹), in die Schranken. Credners „Begründung der Petrushypothese, die doch viel mehr überraschendes und blendendes als überzeugendes habe" sei schon durch Bindemann zur Genüge widerlegt (a. a. O. S. 53 ff.), wie denn „Bindemanns Arbeit vielleicht abschliessend geworden wäre, wenn ihr noch ein vollständiges Material für den hier so grundwesentlichen Induktionsbeweis zu Gebote gestanden, anderesteils nicht die Zurückweisung der Aufstellungen Credners als die fast ausschliessliche Operationsidee vorgeschwebt hätte". In diesem Sinn unternimmt Sem. eine erneute Untersuchung der Frage. Nachdem er aus den Nachrichten über die $\mathit{\dot{\alpha}\pi o\mu\nu\eta\mu o\nu\varepsilon\acute{v}\mu\alpha\tau\alpha}$ bei J. (S. 80 ff.) und mit mehr Glück aus den Citaten J.'s selbst (S. 96 ff., 134 ff., 147 ff.) die Bekanntschaft J.'s mit unsern Synoptikern nachgewiesen, sucht er von hier aus alle Abweichungen der Justinschen Citate von unsern Synoptikern als Gedächtnisabirrungen zu erklären. Er untersucht zu diesem Zweck die Citate J.'s aus dem alten Testament (S. 239 ff.) und kommt zu dem Resultat, dass „J. sich oft und gern dem Zug der freien Erinnerung überlassen habe, dass in seinen alttestamentlichen Citaten die wesentlichsten der überhaupt denkbaren Textabweichungen vorliegen" (S. 269) ²). Er weist ferner nach, dass J. in seinen eignen Citaten sich nicht konstant bleibe, und so manche Abweichungen von unsern kanonischen Evangelien durch ihn selbst als Zufälligkeiten erwiesen würden. Er untersucht endlich die Citationsweise der Kirchenväter überhaupt und ist durch seine Forschungen in den Stand gesetzt, Parallelen für alle eigentümlichen Erscheinungen in der Citationsweise J.'s auch bei späteren Kirchenvätern nachweisen zu können. Textkürzungen und Erweiterungen, Textmischungen aus den verschiedenen Synoptikern, Wiederholungen derselben Texteigentümlichkeiten bei demselben Kirchenvater oder gar bei verschiedenen Kirchenvätern, neugeschaffene Lehrsprüche Christi, neuentstandene Thatsachen seines Lebens, alles wird mit Bei-

---

¹) Norton: The evidences of the genuineness of the Gospels. Boston 1837. Bindemann, über die von J. dem Märtyrer gebrauchten Evangelien. Studien und Kritiken 1842. 72. Letzterer hatte versucht die Abweichungen J.'s fast durchweg als Gedächtnisfehler zu erklären und hatte schon demgemäss den möglichen Umfang und die verschiedenen möglichen Arten gedächtnismässiger Abirrungen näher zu bestimmen und zu gruppieren gesucht.

²) Besondren Nachdruck legte S. auf die oft wörtliche Übereinstimmung von J.'s alttestamentlichen Citaten mit den im Evangelium des Matthäus vorkommenden bei gemeinsamer Abweichung von dem Text der Septuaginta.

spielen reichlich belegt (S. 218 ff., 327 ff.). Und so gewinnt denn Sem. den Mut fast alle Texteigentümlichkeiten J.'s auf das freie Spiel der Erinnerung zurückführen. Selbst da, wo J. sich in seinen freien Citationen gleich bleibt, ja auch da, wo er mit andern Schriftstellern in überraschender Weise übereinstimmt, greift Semisch zu der verzweifelten Auskunft, dass auch hier die sonst so frei schaltende Erinnerung nach bestimmten Gesetzen gewaltet und so selbst in verschiedenen Köpfen die gleiche Texteigentümlichkeit hervorgebracht! Und zum Schlusse werden dem geschlagenen Feinde goldne Brücken gebaut, indem ihm zugestanden wird, dass einige Sprüche — man weiss eigentlich nicht, weshalb hier die Kunst des Verfassers sich nicht mehr bewähren will — sich nicht auf unsre kanonischen Evangelien zurückführen lassen (S. 389 ff.). Diese wenigen Stellen werden dann allerdings mit Leichtigkeit auf die mündliche Tradition zurückgeführt.

Nunmehr ergriff A. Hilgenfeld das Wort. (Kritische Untersuchungen über das Evangelium Justins, Halle 1850) [1]. Hilgenfeld geht in seiner ausführlichen Schrift allen einzelnen Instanzen von Semisch nach und sucht sie zu entkräften. Er weist nach, dass das Material, das Semisch beigebracht, um die Eigentümlichkeiten der Citationsweise Justins auf Gedächtnisabirrungen zurückführen zu können, vollständig der kritischen Sichtung entbehre, dass Semisch die Abweichungen mehr gezählt als gemessen und gewogen habe, dass er niemals auf die besondern Umstände aufmerksam gewesen, unter denen der Schriftsteller citiere, die bald eine freiere, bald eine gedächtnismässigere Citation, bald diese bald jene eigentümliche Art der Citationsweise zu motivieren im stande wären. In einer Untersuchung über die Citate des alten Testaments bei J. (a. a. O. S. 46 ff. und in einer besondern Abhandlung in den theol. Jahrbüchern 1850, S. 385 ff., 567 ff.) beweist Hilg. mit Glück, dass Sem. in seinen Untersuchungen mit starker Willkürlichkeit verfahren sei, dass das Verhältnis der genauen und der gedächtnismässig freien Citate aus dem alten Testament bei J. ungefähr das umgekehrte sei, wie das der Citate aus dem Neuen Testament. Die Übereinstimmung zwischen J. und Matthäus in den alttestamentlichen Anführungen sucht er teils durch die Vermutung, dass durch Ab-

---

[1] Auch H. hatte schon Vorgänger gehabt. Anerkannt waren Credners Untersuchungen von Schwegler, der in seinem nachapostolischen Zeitalter schlankweg J. die Bekanntschaft mit unsern Synoptikern absprach, und von Zeller in einer besonderen Untersuchung über das Verhältnis von Lukas und J. (Theolog. Jahrb. 48, H. 4), der freilich einen subsidiären Gebrauch des Lukas zugestand. Einen vermittelnden Weg schlug de Wette ein. (Lehrbuch der historisch kritischen Einleitung in das N. T. 5. Ausg. 1848).

schreiber Korrekturen vorgenommen seien, teils durch die Annahme gemeinsamer Quellen, aus denen jene eigentümlichen Gestaltungen der Citate geflossen, zu erklären. Aber vom alten Testament führt kein Schluss aufs neue hinüber. Mochte J. das alte Testament auch meistens wörtlich ausgeschrieben haben, so ist damit nicht bewiesen, dass er Schriften des neuen Testaments nicht vorwiegend gedächtnismässig benutzen konnte. — Ferner versucht Hilgenfeld (S. 63 ff.) die Beweiskraft der Analogieen aus den Kirchenvätern, die Semisch zur Durchführung seiner Hypothese von dem wunderbaren Walten und Schalten der Gedächtniskraft beigebracht, zu entwerten. Es ist jedoch zuzugestehen, dass ihm das nicht ganz gelungen ist. Wenn er auch mit gutem Recht eine ganze Reihe von Stellen, die Sem. kritiklos zusammengehäuft, als nicht hierher gehörig streicht, so bleibt doch ein Rest, den er nicht beseitigen kann. Und so bleibt er an manchen Stellen machtlos gegen die von Semisch aufgestellte Alternative: Entweder nehmt ihr an, dass die Übereinstimmungen J.'s (in den Evangeliencitaten) mit andern Schriftstellern des zweiten Jahrhunderts zufällig sind, oder ihr seid gezwungen, auch bei späteren Schriftstellern des vierten und fünften Jahrhunderts bei Epiphanius, dem Redaktor der apostolischen Konstitutionen, bei denen sich dieselben Phänomene zeigen, eine eigentümliche Evangelienquelle anzunehmen. Mit den Waffen, mit denen er hier kämpft, verwundet er sich selbst. Er sucht nämlich das ganze Material, das Semisch hier beigebracht, dadurch zu entwerten, dass er fast überall die Übereinstimmung späterer Kirchenväter in evangelischen Citaten als zufällig, bedeutungslos, nichts beweisend hinstellt. Natürlich kann jeder Grund, den er hier vorbringt, mit Glück wiederum gegen die Evangeliencitate J.'s ins Feld geführt worden. — Es ist als Verdienst Hilgenfelds noch anzuführen, dass er das Material, das Credner beigebracht, erweitert, vervollständigt und teilweise besser geordnet hat; es ist aber andrerseits auch eine Schwäche seiner Schrift, dass sie ganz in den Bahnen Credners bleibt. Auch für ihn ist das Judenchristentum J.'s Axiom, auch er bleibt bei der ganz vagen Vermutung, dass J. ein Evangelium Petri citieren soll. Überhaupt fehlt es an einem umfassend und methodisch durchgeführten Versuch einer inneren Kritik der doch nach Credner wie Hilgenfelds Meinung so zahlreichen eigentümlichen Evangelienstoffe J.'s auf ihren Gehalt und inneren Wert und einer genauen Erforschung ihrer Stellung zu unsern synoptischen Evangelien und den uns sonst erhaltenen Evangelienfragmenten. Das zeigt uns auch die Übersicht über die Eigentümlichkeiten des gesuchten Evangeliums bei Hilgenfeld S. 259 ff. Es hat in der Geburts- und Kindheitsgeschichte des Herrn so reiches Material, wie Matthäus und Lukas zusammen, und soll doch mindestens ursprünglicher als Lukas sein. Es hat hier ebenfalls entschieden sekundäres Material, das sich auffällig mit dem Protevangelium Jakobi berührt, und ist in andern Stücken wieder ursprünglicher als unsre Synoptiker, es ist doketisch (S. 271) und adoptianisch (in dem Taufbericht) zugleich, es ist judenchristlich und doch haben gnostische Häretiker aus ihm geschöpft. Es vertritt das petrinische Judenchristentum und nimmt doch eine so freie Stellung dem Judentum, dem jüdischen Gesetz gegenüber ein, dass es in der Bergpredigt die Sittengebote Jesu mit dem Stichwort τί καινὸν ποιεῖτε einführt!

Man schien nunmehr alle Gründe für und wieder erschöpft zu haben, und über dreissig Jahre hindurch ist denn auch auf diesem Gebiet so gut wie nichts gearbeitet. Die Apologetik scheint, wenn man auf den nächsten Erfolg sieht, den Streit gewonnen zu haben. Credner hielt zwar an seinen Resultaten in der Geschichte des neutest. Kanons (hrsgeg. von Volkmar, Berlin 1860, S. 7 ff.) fest. Hilgenfeld [1]) wenigstens daran, dass J. ein „ausserkanonisches Evangelium stark benutze". In den Handbüchern der Einleitung tritt J. unangefochten als Zeuge für unsre drei Synoptiker auf. Freilich das Bewusstsein, dass sich nicht alle Citate desselben auf diese zurückführen lassen, ist nicht ganz verschwunden. Aber es macht sich meistens in einem ganz bescheidenen und ungefährlichen Zusatz geltend, dass J. „daneben" noch eine andre Quelle benutzt habe. Dieses fragliche Evangelium wird von den Kritikern bald in diesem bald in jenem Winkel untergebracht, so rät v. Engelhardt (das Christentum Justin des Märtyrers 335 ff.) auf eine Evangelienharmonie, Volkmar (über Justin und sein Verhältnis zu unsern Evangelien, Zürich 1853) redet von einem vierten Synoptiker, Thoma (Zeitschr. für wissenschaftliche Theol. 1875, S. 545) redet von einem fünften Evangelium, Holtzmann [2]) von einem in die Familie der Hebräerevangelien gehörigen Evangelium [3]).

Freilich was die Auffassung der geschichtlichen Entwickelung des Kanons betrifft, so brach sich das Zugeständnis der Möglichkeit, dass J. unter dem Namen ἀπομνημονεύματα auch noch andre Schriften als unsre Synoptiker befasst haben könnte, mehr und mehr Bahn. — Aber bis auf die Neuzeit unternahm es niemand wieder, jenes doch von allen möglichen Seiten zugestandne fünfte Evangelium bei J. schärfer ins Auge zu fassen.

---

[1]) Einleitung S. 67.
[2]) Einleitung S. 121.
[3]) Weiss, Einleitung 43, läugnet wiederum ganz und gar die Annahme einer besondren Evangelienquelle J.'s.

Der Versuch, den Credner unternommen, jene Fragmente evangelischer Tradition, die sich bei J. finden, auf ihren evangelienkritischen Wert hin zu prüfen, blieb wie es scheint fruchtlos Auf Volkmar (a. a. O. S. 48) machte „jenes X-Evangelium in seiner Unbegreiflichkeit und Gestaltlosigkeit den unheimlichen Eindruck eines Gespenstes". Und in der That jene immerwiederkehrende Nachricht, dass J. noch eine Evangelienquelle geflossen, die wir nicht mehr kennen, hat etwas von der Art eines Gespenstes an sich, das umgeht, die Kritik an eine versäumte Aufgabe zu erinnern.

Ich meine aber, es dürfte an der Zeit sein, dass man aufs neue sich an jene schwierige Aufgabe mache, und dass man dabei die Aussicht haben könnte, weiter zu kommen als so bewährte Forscher wie Credner und Hilgenfeld. In dreifacher Hinsicht ist seitdem die wissenschaftliche Arbeit auf unserm Gebiet um ein bedeutendes vorwärts gekommen. Zum ersten haben wir einen wenigstens relativ klareren Einblick in den Verlauf der Anfangsgeschichte der christlichen Kirche gewonnen. Kombinationen, wie Credner sie in seinem Abschnitt über die Evangelien der Judenchristen gemacht, dürften heutzutage unmöglich sein. Zum andern — so vieles auch auf dem Gebiet der Evangelienkritik im Dunkeln liegt, so ist man doch heutzutage im Begriff sich über gewisse Grundlinien derselben zu einigen. Wie viel der Arbeit hier gethan ist, erkennt man dann erst recht, wenn man den heutigen Stand der Evangelienkritik mit der hoffnungslosen Verwirrung vergleicht, in der sie sich etwa noch zu Credners Zeit befand. Doch genauer wird weiter unten hiervon geredet werden. Endlich drittens ist das Gebiet der neutestamentlichen Textkritik jetzt in ganz andrer Weise angebaut. Eine aufopfernde und eingehende Arbeit hat gezeigt, dass jenes ungeheure Variantenmaterial, das allmählich herbeigeschafft wurde, kein wüstes, aller Ordnung entbehrendes Chaos von Zufälligkeiten und Unregelmässigkeiten sei, sondern bestimmten Gesetzen der Verwandtschaft und Abhängigkeit folge. Der Versuch von Semisch und Bindemann, in so starkem Umfange zufällige gedächtnismässige Abweichungen als Erklärungsgrund für offenbare Textvarianten zu verwenden, wird nicht wieder unternommen werden. Wenn wir endlich im einzelnen die Justinschen Citate mit nnsern kanonischen Evangelien vergleichen wollen, so würde es von grosser Wichtigkeit für uns sein, wenn wir erkennen könnten, in welcher Textgestalt etwa von J. unsre Evangelien gelesen seien. Die Textkritik aber ist heutzutage einigermassen im stande, uns ein Bild von dem Vulgärtext des neuen Testaments im zweiten Jahrhundert zu machen.

Neuerdings hat Zahn in seiner Geschichte des neutestamentlichen Kanons (I. Band, 2. Hälfte, S. 463—585) unsre Frage einer erneuten ausführlichen Bearbeitung unterzogen. Ausser einer ausführlicheren Erörterung über den Begriff ἀπομνημονεύματα ist das Material im wesentlichen nicht über das von Semisch gebotene hinaus erweitert. Im Gang seiner Untersuchung folgt Zahn ebenfalls Semisch. Von der Voraussetzung ausgehend, dass J. unsre Synoptiker gekannt, nimmt er jedes Citat einzeln vor und zwängt es bald mit diesem bald mit jenem scheinbaren Grund in das Prokustesbett der Synoptiker ein, bis dann einige wenige Citate übrig bleiben, die jedoch in ihrer Vereinzelung den Eindruck des Zufälligen und Bedeutungslosen machen. Aber in einer Hinsicht geht Zahn doch weit über Semisch hinaus, so dass auch seine Untersuchung zeigt, dass uns durch die neueren Arbeiten namentlich auch auf dem Gebiet der Textkritik ganz andre Mittel an die Hand gegeben sind, die hier einschlägigen Probleme zu lösen. Zahn beschränkt sehr stark die Möglichkeit, aus der Annahme nur gedächtnismässiger Abirrung die sämmtlichen hier vorliegenden Rätsel zu lösen. Er führt principiell ein neues Mittel ein, die Citationsweise J.'s aufzuklären, indem er annimmt, dass ihm sehr stark abweichende Handschriften vorgelegen haben. „Von einer Untersuchung, welche darauf ausgeht, festzustellen, ob und welche andre evangelische Schriften neben den vier kanonischen Evangelien auf Justin Einfluss geübt haben, sind von vornherein diejenigen Fälle auszuscheiden, in welchen J. nur solches bietet, was auch in alten kirchlichen Handschriften und Übersetzungen der kanonischen Evangelien sich findet oder nach dem Zeugnis solcher Schriftsteller, welche grundsätzlich auf diese Evangelien sich beschränkten, in solchen Handschriften gestanden haben muss (a. a. O. 540). Ob dieser Grundsatz richtig ist, wird erst später untersucht werden können. Jedenfalls aber ist hier ein bedeutender Fortschritt zu verzeichnen. Auf diesem neuen Wege kommt Zahn um so sicherer zu demselben Schluss wie Semisch, dass von einer Benutzung einer aussersynoptischen Quelle als eines ἀπομνημόνευμα nicht die Rede sein könne. J. benutze zwar einiges apokryphische Material (S. 549 ff.), ja er sei vielleicht von dem Protevangelium Jakobi in einigen kleinen Zügen der Geburtsgeschichte abhängig, auch fänden sich Anklänge an das Kindheitsevangelium des Thomas, aber die Vermutung, dass J. diese Quellen deshalb unter die ἀπομνημονεύματα gerechnet, sei „abenteuerlich" (S. 539). Zahns Hauptbeweis aber gegen die Möglichkeit der Benutzung einer ausserkanonischen Quelle J.'s als ἀπόμνημονευμα ist noch nicht in diesen Einzelausführungen enthalten. Er besteht vielmehr in einer allgemeinen Anschauung über die Entwickelung des Kanons, seinen Zustand und seine Bedeutung, in der Zeit J.'s. Wer sich über diese Grundanschauung unterrichten will — Zahn hat sie leider gewohnter Weise mit gelehrtem Material überhäuft — lese nach a. a. O. S. 520—22, 558—60, 584—85. Zu den dort ausgesprochenen apriorischen Annahmen verhalten sich die übrigen Ausführungen nur wie eine Probe auf ein schon fertig vorliegendes Rechenexempel. Wer sich von dem Recht der hier ausgesprochenen Ansicht Z.'s überzeugt hat, für den ist meine Arbeit nicht geschrieben. Meine Aufgabe kann es nicht sein, mich mit den hier vertretenen Ansichten Zahns auseinanderzusetzen, da die hier vorliegende Differenz weit über den Rahmen gegenwärtiger Arbeit hinausgreift. Ich gehe in meiner Untersuchung von der in weiten Kreisen zugestandenen Anschauung aus, dass zur Zeit J.'s das kirchliche Ansehen unsrer Synoptiker noch nicht so hoch stand und so allgemein war, dass nicht J. neben ihnen unter den Apomnemoneumata noch andre Schriften hätte begreifen können [1]).

Zum Schluss muss ich hier noch eine Arbeit erwähnen, die nicht speciell in unser Gebiet einschlägt, aber die Fragen, die sich überhaupt um die Möglichkeit und den Umfang ausserkanonischer guter Evangelientradition drehen, in weitestem Umfang behandelt. Ich meine das Werk von Resch: Agrapha, ausserkanonische Evangelienfragmente (bei Gebhardt und Harnack, Texte und Untersuchungen B. V., H. 4). Resch hat sich die Aufgabe gestellt „die in der urchristlichen Litteratur überlieferten Herrenworte, welche weder in den kanonischen noch in den uns bekannten apokryphischen Evangelienschriften enthalten sind", zu sammeln (a. a. O. S. 5). Er hat durch ein mit bewunderungswürdiger Umsicht zusammengetragenes Material erwiesen, dass ausserkanonische Evangelienfragmente in viel grösserer Zahl, als man bisher vermuten konnte, sich vorfinden. Er sucht dann weiter den gefundenen Stoff zu ordnen und nach seinem Werte zu prüfen. Er weist mit gutem Recht darauf hin, dass sich aus Gründen innerer Kritik mit einer gewissen Sicherheit entscheiden lasse, ob die betreffenden Evangelienfragmente echte, d. h. synoptische Evangelientradition enthalten oder sekundäre, apokryph-

---

[1]) Ich erwähne hier noch die Schrift von Paul (die Abfassungszeit der synoptischen Evangelien, ein Nachweis aus Justin, Leipzig 87). Diese Schrift muss geradezu als ein Rückschritt in der hier vorliegenden Frage betrachtet werden. Die ganze Methode des Verfassers, seine Voraussetzung, dass J. seine Citate durchweg wörtlich bringe und dass man aus untergeordneten Divergenzen J. mit den Synopt. auf seine Nichtbekanntschaft mit diesen schliessen dürfe, ist grundverkehrt.

häretische ¹). Man solle nur einmal die apokryphen Evangelien, nicht so wie sie von Hilgenfeld zusammengestellt seien, der vermutungsweise z. B. beim Ägypterevangelium Evangelienfragmente untergebracht, die entschieden nicht dorthin gehörten, sondern so wie sie wirklich überliefert seien, lesen, und man werde sich leicht überzeugen, dass sie ein von unsern Synoptikern wesentlich verschiedenes inneres Gepräge haben. Nachdem R. so den Evangelienstoff gesichtet, bleibt ihm noch immer die stattliche Zahl von 74 „echten" Logia Agrapha über. Diese Menge von ausserkanonischer Evangelientradition — denn manche von diesen vereinzelten Herrenworten weisen nun wieder auf grössere Zusammenhänge hin in denen sie einst gestanden — stelle nun, behauptet Resch weiter, dem Kritiker ein Problem: woher diese Evangelienfragmente und wie erklärt sich ihre weite Verbreitung? Da seien es zwei Beobachtungen, die weiter führten: 1) die mannigfachen Berührungen, die zwischen diesen Fragmenten und den paulinischen Briefen, ja überhaupt der gesammten neutestamentlichen Litteratur stattfänden ²), 2) die Thatsache, dass bei vielfacher Überlieferung eines solchen Herrenwortes die Varianten, die sich vorfänden, in befriedigenster Weise sich erklärten als Übersetzungsvarianten eines und desselben hebräischen Textes. Die erste Beobachtung führe auf die Vermutung, dass schon Paulus und auch die übrigen Schriftsteller des neuen Testaments von einem schriftlich ihnen vorliegenden Evangelium abhängig seien, was man ja auch sonst schon gestützt auf das mancherlei synoptische Material, das sich namentlich bei Paulus finde, vermutet habe. Ja Resch behauptet sogar, dass Paulus dieses Evangelium schon als γραφή citiere. — Die zweite Beobachtung führt R. auf die Vermutung, dass wir es hier mit jener hebräisch (resp. aramäisch — R. entscheidet sich für das erstere) geschriebenen Quelle zu thun haben, die Papias als Logia bezeichnet, und die als eine der Hauptquellen unsrer Evangelienlitteratur anzunehmen sich die meisten Kritiker allmählich geeinigt hätten. Diese Quelle sei jedoch, wie Weiss hauptsächlich nachgewiesen ³), nicht nur als eine Redesammlung aufzufassen, sondern habe auch geschichtliche Stoffe enthalten, Markus sei bereits abhängig von ihr, ja es sei über Weiss hinauszugehen und zu behaupten, dass in unsrer Quelle auch eine kurze Leidensgeschichte ja ein Bericht über Auferstehung und Himmelfahrt (!) enthalten gewesen (vrgl. Zeitschr. f. kirchl. Wissensch. und kirchliches L. 1890, S. 75 ff.). Und dieses Urevangelium — als solches muss

---

¹) A. a. O. S. 8 ff.
²) S. 42 ff.
³) S. 27 ff.

man das von Resch substituirte wieder bezeichnen — sei nun von Paulus gekannt und als γραφή citiert, auch den' neutestamentlichen Schriftstellern meistens bekannt, seine Spuren fänden sich überall bei den Schriftstellern des zweiten Jahrhunderts. Auch noch bei Clemens Alexandr., der so manche ausserkanonische Schrift benutzt, seien Spuren desselben nicht verwunderlich. Besonders wichtig aber seien die Varianten im Text des N. T. bei Cod. D. und seinen Trabanten. Es erklärten sich nämlich die eigentümlichen Textabweichungen und das ausserkanonische Evangelienmaterial, das in seinen Textabweichungen enthalten sei, am besten so, dass man annehme, dass dem Redaktor desselben noch jenes angenommene Evangelium zur Verfügung stand, und dass er unsre Synoptiker nach diesem harmonisiert habe, wie er dann nachweislich auf die Synoptiker unter einander harmonisiere (S. 31 ff.). Dasselbe sei vielleicht auch in andern Handschriften der Fall, so seien die Wege nachgewiesen, auf denen manche Fragmente des gesuchten Evangeliums in die entlegensten Winkel verschlagen werden konnten. So finde man auch noch bei Schriftstellern des dritten Jahrhunderts, bei Origenes, der ja eine ausgedehnte Kenntnis von Handschriften besessen, bei Hippolyt, in der Didaskalia zahlreiche Spuren. Ja es sei anzunehmen, dass dem Redaktor der Konstitutionen und Ignatianen und auch Epiphanius noch unsre Quelle selbst zugänglich gewesen sei.

Gewiss, recht kühne und allesammt noch einer recht gründlichen Nachprüfung bedürftige Resultate! Aber das wird klar sein, dass diese Arbeit auch für die Beantwortung unsrer Frage von allergrösster Bedeutung ist. Wir werden uns im einzelnen mit Resch noch des öftern auseinanderzusetzen haben. Aber das dürfen wir z. B. jetzt schon hervorheben: Bei dem massenhaften Beweismaterial, das R. herbeigebracht, sind wir in den Stand gesetzt gegenüber der Alternative, die Semisch aufgestellt (s. o. S. 5), und die wir bisher nicht aufgelöst fanden, ruhig zu behaupten, dass es keine Utopie ist, anzunehmen, dass etwaige Evangelienfragmente aus frühester Zeit in so entlegene Winkel verschlagen werden konnten, dass wir sie in Citaten von Kirchenvätern des dritten und vierten Jahrhunderts wiederfinden. Mögen alle jene Logia Agrapha, die Resch gesammelt, einst nur der mündlichen Überlieferung angehört haben, mögen sie einer schriftlichen Quelle angehören, wir sehen, dass es möglich war, dass ursprüngliche Herrenworte in fester Gestalt durch die Jahrhunderte hindurch sich uns erhalten haben, und erkennen auch einen Teil der Wege, auf denen sie bald hier- bald dorthin verschlagen wurden. Was aber von den Logia Agrapha gilt, das gilt auch von solchen Herrenworten, zu denen wir Parallelen in unsern Evangelien haben, die jedoch in eigentümlicher und bestimmt von der synoptischen abweichender Gestalt uns überliefert sind. Die Grenze zwischen jener und dieser Art von ausserkanonischen Herrenworten ist ja überhaupt keine feste, wie denn auch Resch unter die Logia Agrapha einige Herrenworte aufgenommen, die entschieden zu letzterer Art gehören (cf. Logion 1 u. 2). Also auch da, wo wir selbst bei späteren Kirchenvätern Parallelen finden zu den eigentümlichen Abweichungen in den Evangeliencitaten, wie wir sie bei J. finden, werden wir uns nicht zu der Vermutung drängen lassen, dass hier der Zufall sein Spiel getrieben, sondern werden nur bestärkt werden können in der Vermutung, dass wir es in diesen Fällen mit eigentümlichen Textgestaltungen zu thun haben, mit Problemen, die der Lösung bedürftig sind.

So stehen uns wirklich — das hat die vorhergehende Übersicht gezeigt — neue Mittel und Gesichtspunkte zur Verfügung, um die Frage nach J.'s Evangeliencitation zu lösen.

§ 2. Vorbemerkungen.

1) Für uns kommen von Schriften Justins nur zwei in Betracht: die an Antoninus Pius gerichtete Apologie mit ihrem kürzeren Anhang — denn als eine solche ist die sogenannte zweite Apologie J.'s aufzufassen, wie denn Eusebius noch beide Schriften als eine einzige gekannt und citiert hat, (cf. Harnack, die Überlieferung der griechischen Apologeten d. 2. Jh. in der alten Kirche und im Mittelalter, Texte und Unters. B. I., S. 134 ff.) — und der mit dem Juden Tryphon gehaltene Dialog. Nur diese Schriften sind von der Kritik mit Sicherheit dem J. zugestanden. Gegen diese aber hat sich auch noch kein begründeter Zweifel erhoben. Auch gegen die Integrität dieser Schriften lässt sich kein triftiger Grund ins Feld führen. Wer die Schriften J.'s zum ersten Male liest, wird leicht auf den Gedanken kommen, dass dem wirren Gedankengange J.'s hie und da durch Annahme von Interpolationen aufzuhelfen wäre. Aber wer J.'s verworrene Schreibweise kennt, wird bald wieder von diesem Versuche abstehen [1]).

---

[1]) Über die Schrift περὶ ἀναστάσεως, von der Resch neuerdings wieder die Echtheit behauptet hat, werden wir noch ausführlicher reden.

Wann die Schriften geschrieben sind, ist für unsre Zwecke gleichgültig. Den ungemein ansprechenden Vermutungen Harnacks (a. a. O. S. 142 f.), die für die Apologie ungefähr auf das Jahr 152 führen, möchte ich noch am ehesten zuneigen. Für uns kommt es hauptsächlich auf die Thatsache an, dass zwischen der Abfassung von Apologie und Dialog eine ziemlich beträchtliche Zeit verflossen sein muss. Das geht schon aus inneren Gründen und dem Charakter der Schriften selbst hervor. Der Dialog ist später geschrieben, als die Apologie (cf. Cap. 120 [20]). In der Apologie finden wir J. in Rom, im Dialog wahrscheinlich in Ephesus (s. Otto zu Dial. 1. Note 2), dort in wilder aufgeregter Zeit, täglich am Leben bedroht von dem Cyniker Crescens, hier in ruhiger Musse, die doch erforderlich war, wenn ein so umfangreiches Werk wie der Dialog entstehen konnte. Diese Thatsache ist bedeutsam für alle die Fälle, in denen J. sich in der Apologie und im Dialog in seiner Citationsweise gleich bleibt. 2) In einer bestimmten Richtung haben wir hier noch einzugehen, auf die Persönlichkeit des Verfassers dieser Schriften, wir müssen J.'s kirchliche Stellung noch einmal einer näheren Untersuchung unterwerfen. Denn überall, wo die Frage nach einer eigentümlichen Evangelienquelle J.'s näher ins Auge gefasst wurde, wurde sie verquickt mit der Annahme, dass J. Judenchrist gewesen, und das ist nicht zu ihrem Vorteil geschehen. Ich kann hier natürlich nur bekanntes anführen und mich nur dem, was Ritschl in seinem grundlegenden Werke (Entstehung der altkatholischen Kirche) und Harnack in seiner Dogmengeschichte, v. Engelhardt in seiner speciellen Ausführung über J. klargelegt haben, anschliessen. Bei einem Kirchenmann des zweiten Jahrhunderts, wie J. es war, überhaupt die Frage zu stellen, ob er Juden- oder Heiden-Christ gewesen sei, ist ein arger Anachronismus. So scharf der Kampf zwischen Judenchristentum und Heidenchristentum im apostolischen Zeitalter gewesen sein mag — viel schärfer als man heutzutage in weiten Kreisen der Forscher anzunehmen beliebt — so schnell verlor das Judenchristentum jede Kraft, seitdem sich einmal das unbedingte Recht der Heidenmission in der Christenheit durchgesetzt. Was man an Beweisen für das Judenchristentum J.'s beigebracht, fällt alles in sich zusammen. J. beurteilt das Judenchristentum äusserst milde — eben weil er es als historische Erscheinung und Macht nicht mehr kennt; er citiert die Schriften des Apostels Paulus nicht — man betrachtete damals die Briefe des Apostels überhaupt noch nicht als heilige Schriften, als unbedingte Auktoritäten, citierte sie also nicht, wie man das alte Testament und wie J. auch die Apomnemoneumata citiert. J. hätte allerdings den Paulus so citieren können, wie ein Schriftsteller den andern citiert. Aber daraus, dass er das nicht gethan, darf man doch nicht auf eine besonders missgünstige Stimmung J.'s gegen den Heidenapostel schliessen. — J. rechnet den Paulus nicht zu den Zwölfen, denen er die höchste Auktorität beimisst, die er als die Gründer der Kirche betrachtet; — aber diese Fiktion eines Kollegiums der Zwölfe als des Fundamentes der Kirche ist eine historische Fiktion der werdenden katholischen Kirche, die nur daraus erklärlich ist, dass man von der geschichtlichen Situation des Urchristentums später keine Ahnung mehr hatte [1]); J. hat eine starke chiliastische Neigung, aber wenn der Umstand sein Judenchristentum beweisen soll, so war J.'s ganze Zeit judenchristlich. Er stellt sich milde gegen Christen, die Christum nur für einen Menschen halten. Das hat man mit Unrecht aus D. 49 11 schliessen wollen [2]). Und selbst wenn dem so wäre — als wenn solche Christen, die das präexistente Sein Christi, die Logoschristologie ablehnten, nicht auch ganz gute Heidenchristen hätten sein können, und als ob es nachgewiesen wäre, dass Judenchristentum und eine antimetaphysische Christologie im zweiten Jahrhundert Korrelatbegriffe wären! Es wird dabei bleiben: Wer im zweiten Jahrhundert innerhalb der werdenden katholischen Kirche Judenchristentum sucht wird meistens fehlgehen; will man einem Einfluss des Judentums auf das Christentum nachspüren, so suche man im — Gnosticismus.

§ 3. Die Apomnemoneumata J.'s.

Credner, Gesch. des N. T. Kanons S. 10 ff., Zahn a. a. O. S. 471 ff.

Wir haben zunächst zu untersuchen, ob nicht der Name Apomnemoneumata, den J. seiner Evangelienquelle oder Quellen giebt, sowie seine sonstigen Nachrichten über dieselben, uns einiges Material zur Lösung der Frage an die Hand geben.

I. Der Name Apomnemoneumata — so citiert J. weitaus in den meisten Fällen (vergl. die Zusammenstellung bei Semisch

---

[1]) Harnack a. a. O. S. 108 ff.
[2]) Es giebt aber auch manche aus unsrer (d. Lesart d. Kodices ist beizubehalten) Glaubensgenossenschaft, die bekennen, dass er Christus sei, ihn aber für einen Menschen, von Menschen geboren, erklären. Ihnen stimme ich nicht zu, auch nicht wenn die meisten meiner Glaubensgenossen es sagten. Denn wir haben den Befehl nicht menschlichen Lehren zu folgen . . . . . Wenn man diesen Schluss hinzunimmt, so ist die Abweisung doch ziemlich energisch.

a. a. O. S. 90) — bedeutet Erinnerungen, d. h. Erinnerungen der Gewährsmänner der betreffenden Schriften an die Thaten und Lehrsprüche Jesu Christi. Es lässt sich vermuten, dass J. mit diesem Namen mehrere Schriften umfasst habe. D. 103 heisst es ἐν τοῖς ἀπομνημονεύμασιν ἃ φημι ὑπὸ τῶν ἀποστόλων αὐτοῦ καὶ τῶν ἐκείνοις παρακολουθησάντων συντετάχθαι [1]). Diese Apomnemoneumata des Herrn findet J. überall in der Kirche anerkannt und gebraucht, in den gottesdienstlichen Versammlungen werden sie neben den Schriften des alten Testaments vorgelesen (Ap. I, 67 [4]), ja J. führt sie schon mit derselben Citationsformel wie das alte Testament ein (D. 49 [17]). Aber doch — schon der Name Apomnemoneumata weist hin auf eine Zeit, in der das nicht immer so gewesen. Als „Erinnerungen", also als Schriften mehr gelegentlichen Inhalts, pflegt man nicht Bücher zu bezeichnen, die von alters her gesammelt als ein in sich abgeschlossener Kanon, als geheiligte Offenbarungsurkunde gegolten hätten. Dagegen macht Zahn freilich geltend, es sei wahrscheinlich, dass J. hier für die gewöhnliche Bezeichnung jener Schriften einen Ausdruck in seinen Schriften eingesetzt, der auch ausserhalb der Christenheit stehenden Lesern, an die J. ja seine Schriften richte, verständlicher sein musste. Dass J. so viel Rücksicht auf seine ausserchristlichen Leser genommen, kann ich nicht annehmen. Er mutet doch den Cäsaren, an die er seine Apologie richtet, alle Einzelheiten des Weissagungsbeweises zu, er benutzt die Gelegenheit, um in einer Schutzschrift, in der es sich um Tod und Leben der Christenheit handelt, im Vorbeigehen die heidnischen Kaiser von der Verderblichkeit der christlichen Ketzer zu überzeugen. Eine so unbekannte Sekte war das Christentum auch nicht mehr, dass man den officiellen Namen ihrer heiligen Schriften so gar nicht gekannt. Endlich im Dialog lässt J. den Juden selbst sagen „ὑμῶν τὰ ἐν τῷ λεγομένῳ εὐαγγελίῳ παραγγέλματα". Und doch wendet er gerade hier den Namen Apomnemoneumata sehr oft an, obwohl den Juden der Ausdruck εὐαγγέλιον nicht unbekannt war. Aber auch schon der konstante Gebrauch des Wortes Apomnemoneumata zeigt, dass wir es hier mit einem J. sehr geläufigen Wort zu thun haben, nicht mit einem Ausdruck, den er erst

---

[1]) Sicher ist der Schluss nicht. Viel zu kühn der andere, dass mit diesen Ausdrücken unsre Evangelien (Matthäus = Johannes die Apostel, Markus = Lukas, die Apostelschüler) bezeichnet seien. Der Ausdruck will nichts andres als die Apomnemoneumata als die Überlieferung der apostolischen Zeit an die nachfolgende Christenheit bezeichnen.
[2]) D. 10 [4].

selbst zu apologetischen Zwecken geprägt. Freilich findet sich nirgends[1]) in der Litteratur des 2. Jahrhunderts der Name Apomnemoneuma wieder, aber das darf uns bei den äusserst geringen Fällen, in denen vor und in der Zeit J.'s unsre Evangelien citiert werden, nicht wundernehmen.

II. Doch wir können noch ein weiteres über J.'s Apomnemoneumata aus seinen Schriften folgern. Man lese folgende Stellen:

Ap. I 33 ^{8} ὡς οἱ ἀπομνημονεύσαντες πάντα τὰ περὶ τοῦ Σωτῆρος ἡμῶν Ι. Χρ. ἐδίδαξαν οἷς ἐπιστεύσαμεν, ἐπειδὴ καὶ διὰ Ἡσαίου τοῦ προδεδηλωμένου τὸ προφητικὸν πνεῦμα τοῦτο γενησόμενον ἔφη.

D. 53 ^{18} ὅθεν καὶ ἡμεῖς βέβαιοι ἐν τῇ πίστει... ἐσμὲν, ἐπειδὴ καὶ ἀπὸ τῶν προφητῶν καὶ ἀπὸ τῶν κατὰ τὴν οἰκουμένην εἰς ὄνομα τοῦ ἐσταυρωμένου ἐκείνου ὁρωμένων καὶ γενομένων θεοσεβῶν τὴν πειθὼ ἔχομεν.

D. 48 ^{13} ἐπειδὴ οὐκ ἀνθρωπείοις διδάγμασι κεκελεύσμεθα ὑπ' αὐτοῦ τοῦ Χρ. πείθεσθαι ἀλλὰ τοῖς διὰ τῶν μακαρίων προφητῶν κηρυχθεῖσι καὶ δι' αὐτοῦ διδαχθεῖσιν.

I. 59 ^{1} παρὰ τῶν ἡμετέρων διδασκάλων λέγομεν τοῦ λόγου τοῦ διὰ τῶν προφητῶν (conf. II 10 ^{13}).

Immer wieder tritt es hier mit grösster Deutlichkeit hervor, dass J. nur zwei unumstössliche Auktoritäten kennt: das alte Testament und Christus. Die apostolische Verkündigung und Lehre aber hat im Verhältnis zu den ebengenannten Grössen abgeleitete Auktorität. Von Christo empfangen die Apostel ihre Weihe und Kraft (s. d. Stellen bei Zahn a. a. O. S. 520, Anm. 5). Ihre Predigt bedarf der Bestätigung durch die Weissagung der Propheten (s. oben Ap. I 33).

Gewiss die Apostel werden hochgepriesen, als die, die das Evangelium aller Welt verkündigt, deren starkes Wort die Welt überwunden. Aber ihr Wort erweckt Glauben, weil es das alte Gotteswort ist, das auch schon durch die Propheten verkündigt. D. 119. τῇ φωνῇ τοῦ θεοῦ τῇ διά τε τῶν ἀποστόλων τοῦ Χρ. λαληθείσῃ πάλιν καὶ τῇ διὰ τῶν προφητῶν κηρυχθείσῃ ἡμῖν πιστεύσαντες. Freilich es scheint manchmal so, als ob J. sich auf eine unumstössliche Lehrauktorität der Apostel berufe. I 46 ^{6} τὸν Χρ. πρωτότοκον τοῦ θεοῦ εἶναι ἐδιδάχθημεν (s. d. Stellen bei Zahn 522, Am. 2). Doch sagt J. hier nicht mehr, als dass gewisse Lehren in der Christenheit von Uranfang her als unumstösslich gegolten[2]). Christi Lehre selbst ist es, die von

---

[1]) Doch vergl. die Nachricht des Papias von Markus οὕτως ἔνια γράψας ὡς ἀπεμνημόνευσεν.
[2]) Cf. D. 48 ^{13}.

Anfang an als unverbrüchlich gegolten. Kurz davon, dass J. die apostolische Lehrverkündigung an Dignität der Predigt der Propheten und der Lehre Christi gleichgestellt, oder gar dass er an einen Kanon apostolischer Schriften als unverbrüchliche Lehrauktorität gedacht, findet sich nicht die leiseste Spur. J. ist noch nicht hinaus über eine Zeit, der nur das alte Testament und die Herrensprüche als unbedingt auktoritativ galten. Nur in einem Punkt geht er über jenen Standpunkt hinaus, er citiert die Apomnemoneumata als *γραφή* auch da wo er geschichtliche Tradition (nicht nur Herrenworte) aus ihr entnimmt [1]). Aber dass dieser Veränderung noch keine andre Gesammtauffassung von den heiligen Auktoritäten zu Grunde liegt, haben wir gesehen. So dürfen wir denn vermuten, dass J. unter der etwaigen Sammlung seiner Apomnemoneumata nicht einen abgegrenzten Kanon von unverbrüchlicher Heiligkeit verstanden haben wird.

III. Dieselben Apomnemoneumata werden nun auch bei J. mit dem Namen *εὐαγγέλιον* bezeichnet.

1) I 66 [5] *οἱ γὰρ ἀπόστολοι ἐν τοῖς γενομένοις ὑπ᾿ αὐτῶν ἀπομνημον. ἃ καλεῖται εὐαγγέλια* ...

2) D. 100 [4] *καὶ ἐν τῷ εὐαγγελίῳ δὲ γέγραπται εἰπών:*

3) D. 10 [4] *ὑμῶν δὲ καὶ τὰ ἐν τῷ λεγομένῳ εὐαγγελίῳ παραγγέλματα.*

Die erste Stelle ist dringend einer Interpolation verdächtig, sollte sie nicht interpoliert sein, so wäre erwiesen, dass J. unter seinen Apomnemon. mehrere Schriften versteht.

In Stelle 3 redet Tryphon von „dem" Evangelium, ebenso spricht J. ihm gegenüber von dem Evangelium. „Unsre Stelle weist uns also entschieden auf ein einziges dem Tryphon bekanntes und von J. gebrauchtes Evangelium hin" so schliesst Credner (a. a. O. S. 11). Zahn schliesst auf der andern Seite, dass wenn J. die Apomnemoneumata als ganz bekannte Grösse voraussetze, wenn er von *τὸ εὐαγγέλιον* rede, wenn er den Juden, der behaupte das Evangelium gelesen zu habe, gar nicht frage, welches er denn gelesen habe, — so habe er mit alledem eine ganz bestimmte Grösse vor Augen, jenes viergestaltige Evangelium, wie Irenaeus es nennt, das Evangelienbuch [2]). — Beide Ansichten sind nichts als willkürliche Eintragungen. *τὸ εὐαγγέλιον* war vielmehr in der alten Kirche ein Sammelname für alles das, was man von dem Leben und der Lehre des Herrn wusste, dann auch für die Schriften derartigen Inhalts, die in

---

[1]) S. oben.
[2]) Gegen Zahn gilt, dass nach seiner Auffassung auch schon der Verfasser der *Διδ.* $8_9 11_3 15_3$ f. und des zweiten Klemensbriefes (VIII 5) das viergestaltige Evangelium gekannt hätten.

der Kirche kursierten. Man ging dabei wohl von der Voraussetzung aus, dass diese Schriften im geistigen Sinn eine Einheit bildeten, und es ist anzunehmen, dass z. B. Schriften deren Charakter bestimmt als häretisch erkannt, aus diesem Schriftenkreis ausgeschlossen waren.

IV. Wahrscheinlich ist es, dass J. keines seiner Evangelien mit bestimmter Benennung einführt. Nur in der rätselhaften Stelle D. 106 [10] könnte es so scheinen, als wenn hier ein Apomnemoneuma Petri eingeführt würde. Die Stelle ist unheilvoll genug geworden. Denn sie führte Credner auf die Vermutung, die Spuren eines judenchristlichen Evangeliums gefunden zu haben. Da jedoch die Ausleger an dieser Stelle weit auseinander gehen und da dieselbe auch textkritisch angefochten wird, so lassen wir sie lieber ganz bei Seite. Sie kann uns jedenfalls in unsrer Untersuchung nicht auf die rechte Spur leiten.

V. Wenn auch nicht bestimmt zu erweisen, so ist es doch äusserst wahrscheinlich, dass J. einen ganzen Kreis von Schriften unter dem Ausdruck Apomnemoneumata zusammenfasst, wie das auch schon im Vorhergehenden vorausgesetzt wurde. Dass unsre Synoptiker zu diesem Schriftenkreis gehören, ist äusserst wahrscheinlich, und nur wenn sich im Lauf der Untersuchung starke Gegengründe ergeben, würden wir von dieser Überzeugung abgehen. Dass das Johannesevangelium nicht zu ihnen gehört, hat meines Erachtens Thoma[1]) erwiesen, die Frage wird von mir nur im Anhang erörtert werden. Mir kommt es bei meiner Untersuchung vor allem auf die Frage an, ob es Evangelienmaterial bei J. giebt, das uns auf eine oder mehrere ausserkanonische Quellen J.'s hinweist, ob wir diese Fragmente noch bestimmt abzusondern und zu erkennen vermögen, ob wir endlich ihnen in der Evangelienlitteratur einen bestimmten Platz anweisen können.

§ 4. Die alttestamentlichen Citate J.'s.

Es scheint einmal gebräuchlich geworden zu sein, dass jeder, der sich mit den Evangeliencitaten J.'s beschäftigt, auch einiges über die Art und Weise seiner alttestamentlichen Citationen beibringt. Ich hatte die Absicht von dieser Gewohnheit abzuweichen, da es ja ganz klar ist, dass auch bei den gesichertsten Resultaten über die Art und Weise, wie J. das alte Testament citiert, ob wortgetreu oder frei, ob gedächtnismässig oder Wort für Wort

---

[1]) Ztschr. f. wissensch. Th. S. 507 ff.

abschreibend, — in keiner Weise der Schluss erlaubt sei, dass er es nun ebenso auch bei den Citaten aus den Apomnemoneumata mache. Doch habe ich, als ich den übrigen Forschern folgend mich mit dieser Materie beschäftigte, einige Beobachtungen machen können, die mir der Mitteilung wert erscheinen, zumal da sie dienen werden auch ein Rätsel auf dem Gebiet der Evangeliencitate J.'s zu lösen [1]).

Es erhebt sich hier nämlich die Frage, ob wir den Text der alttestamentlichen Citate J.'s noch so vor uns haben wie J. ihn niedergeschrieben. Für die Vermutung, dass J.'s Text an manchen Stellen von späteren Abschreibern korrigiert sei, hat besonders Hilgenfeld a. a. O. Beweise beigebracht. Ein Zufall kann es noch sein, wenn wir jetzt D. 58 ^{14} in den Handschr. J.'s ἄγγελος lesen, während aus dem sonstigen Gebrauch den J. von dieser Stelle macht (s. d. Anmerkung von Otto) klar hervorgeht, dass von ihm ἄνθρωπος gelesen wurde. — Aber auf die Vermutung, dass eine absichtliche Ausgleichung des Justinschen Textes mit dem gebräuchlichen alttestamentlichen Texte stattgefunden, führen sicher folgende Beobachtungen. I 54 ^{26}, D. 69 ^{5} (vergl. D. 76 ^{24}) beweisen, dass J. Ps. 19 $_5$ las ἰσχυρὸς ὡς γίγας δραμεῖν ὁδόν. Dagegen in den Stellen, wo der ganze Psalm citiert wird, auf die J. bei der Anführung jener wenigen Worte ausdrücklich zurückweist, I 40 ^{2}, D. 64 ^{21} lesen wir jetzt nur ὡς γίγας δραμεῖν ὁδόν. Ps. 96 $_{10}$ las J. sicher ἐβασίλευσεν ἀπὸ τοῦ ξύλου. (D. 73 ^{2}.) Weiter unten in dem Citate des Psalms selbst fehlt ἀπὸ τοῦ ξύλου. Dagegen lesen wir es noch in der längeren Ausführung der Apologie I 41 ^{7}. Ferner lesen wir D. 73 ^{4} ἐκεῖνα γὰρ εἴδωλά ἐστι δαιμονίων (cf. D. 55 ^{4} οἱ θεοὶ τῶν ἐθνῶν εἴδωλα δαιμονίων εἰσίν) unten in der Anführung des Psalmes nur δαιμόνια, dagegen εἴδωλα δαιμονίων in der längeren Anführung I. 41. Alle diese Stellen bezeugen sicher, dass der Text J.'s von Abschreibern korrigiert ist. Die Überarbeitung sehen wir noch vor Augen D. 107 ^{4}, wo es mit Anspielung auf Jon. 3 $_4$ heisst: μετὰ ἐν ἄλλοις τεσσεράκοντα τρεῖς ἡμέρας. Die Lesart „nach drei Tagen" ist die der LXX, „vierzig Tage" ist der hebräische Text und die Übersetzungen des Aquila Symmachus und Theodotion. Also ist im Texte J.'s ἐν ἄλλοις τεσσεράκοντα [2]) wahrscheinlich verbessernde Glosse. Ebenso ist die Lesart Note 7 τῇ τεσσερακοστῇ τρίτῃ ἡμέρᾳ zu beurteilen. Note 9 haben wir wieder zwei Lesarten

---

[1]) Für das folgende vergleiche Hilgenfeld, die alttestamentlichen Citate J.'s, Theologische Jahrbücher 1850. S. 394, 398—404, 408 f., 413, 415.
[2]) S. d. Ausführungen von Otto zu dieser Stelle.

ἦν δὲ ὁ κικυῶν ¹) κολόκυνθα αἰφνίδιος, während Note 8 und Note 13 das κολόκυνθα der LXX ganz durch das κικυῶν der späteren Übersetzer verdrängt ist. Denn ich möche mich auch hier nach Analogie der vorigen Stellen dafür entscheiden, dass κολόκυνθα ursprüngliche Lesart J.'s war, die an zwei Stellen vollständig verdängt wurde, während sie sich einer Stelle noch teilweise gehalten ²) (anders Credner und Hilgenfeld a. a. O.). Jedenfalls sind hier überall die späteren Korrekturen mit Händen zu greifen. Andre Stellen, die Hilgenfeld a. a. O. beibringt, werden weiter unten im grösseren Zusammenhang behandelt werden ³).

Es lässt sich nämlich nun zeigen, dass nicht blos in jenen einzelnen Fällen eine Korrektur an J.'s Text stattgefunden, sondern dass er in allergrösstem Umfang Abänderungen erlitten, Änderungen, die keineswegs dem Zufall ihre Entstehung verdanken. Ich setze hier die Resultate der Untersuchungen de Lagardes über den Septuagintatext als gesichert voraus. Nach diesen ist eine ganz besondre und sich aufs deutlichste von dem gewöhnlichen Text abhebende Textrecension der LXX auf Lucian von Samosata (11 oder 312 vergleiche über ihn Harnack, Dogmengeschichte II 183) zurückzuführen. Lagarde hat bekanntlich für die geschichtlichen Bücher den Text konstruiert, während unabhängig von ihm der Engländer Field diejenigen Handschriften bestimmt hat, nach denen der Luciantext rekonstruirt werden könne, und dabei, was die geschichtlichen Bücher anbetrifft, genau zu denselben Resultaten gekommen ist, wie Lagarde.

Sollte sich nun erweisen, dass der Text J.'s nicht nur in einzelnen Stellen, sondern in weiterem Umfange mit dem Luciantext übereinstimmt, so lässt sich das gar nicht anders erklären, als so, dass wir annehmen, dass der Text J.'s durchweg nach einem kirchlich recipirten Text in den alttestamentlichen Citaten korrigirt sei. Dabei dürfen wir uns nicht wundern, dass die Varianten der Handschriften keine Spuren von solchen Veränderungen zeigen. Denn die Handschriften des Apologeten die wir

---

¹) κικυῶν ist wahrscheinlich statt σικυῶν (so alle Handschriften) zu lesen. Denn Aquila und Theodotion haben das hebräische קִיקָיוֹן mit κικυῶν wiedergegeben, was auch J. wahrscheinlich geschrieben haben wird (s. Credner Beiträge zur Einleitung in die biblischen Schriften B. II. Halle 1838, S. 281 f.).

²) Streicht man in dem Zwischensatz bei Note 9: ἦν δὲ ὁ κικυῶν κολόκυνθα αἰφνίδιος — ὁ κικυῶν weg, so gewinnt der ganze Satz einen guten Zusammenhang, und es wäre zu übersetzen: Es war aber (jener Kürbis unter dem Jonas sass) ein plötzlich aufschiessender Kürbis. Es ist dann gar nicht nötig mit Otto die ganze Stelle zu streichen.

³) Sicher nachweisbar ist eine Korrektur auch noch in dem Citat von Sacharja II. 11. Man vergleiche die zusammenhängende Ausführung in D 115 mit dem gelegentlichen Citat D. 119.

besitzen, stammen, wie Harnack[1]) nachgewiesen von einem Archetypus dem Cod. Paris 451 ab, dieser aber stammt aus der Bibliothek des Erzbischoffs Arethas von Caesarea, also aus einer Kirchenprovinz, in der der Text Lucians der kirchlich recipierte war. Für die prophetischen Bücher hat Field[2]) folgende Texte als sicher Lucianisch bezeichnet No. 22 (bei Holmes u. Parsons) 36. 48. 51. 62. 90. 93. 144. 147. 233. 308. In seiner meisterhaften Untersuchung über J.'s alttestamentliche Citate im zweiten Bande seiner Untersuchungen hat Credner für die aus Jesaias entlehnten Citate J.'s das Verwandtschaftsverhältnis des Textes, den J. gebraucht, dahin bestimmt, dass J., wo er vom Text des Vatican abweiche, am meisten mit der Handschr. 147 übereinstimme, danach mit den Handschr. 22. (26). 48. 51. 62. 90. 93. 233. (301). Dazu ist zu bemerken, dass die Handschr. 308, die bis Jes. 17 eine Lücke hat, in den übrigen Partieen ebenfalls als engverwandt mit J.'s Text sich erweist. Schlagender kann kaum erwiesen werden, dass J. einen solchen alttestamentlichen Text, wie wir ihn bei ihm vorfinden, niemals vor Augen gehabt hat, dass vielmehr seine Citate wenigstens im Jesaia einer kirchlichen Revision unterzogen sind[3]).

Im einzelnen kann ich natürlich nicht die ganze Fülle des Materials herbeibringen, ich beschränke mich darauf, einige hauptsächlich beweisende Stellen hier vorzulegen. Das einzelne bleibe einer ausführlicheren Untersuchung vorbehalten. In den folgenden Übersichten habe ich mich an Credners mit grösstem Fleiss zusammengestellten Verzeichnisse angeschlossen. In der ersten Kolumne steht der Text des Cod. Vat. in der zweiten die Abweichungen J.'s von diesem, die ich mit Ausnahme der Lesarten in denen J. ganz alleine steht, sämmtlich notiert, damit man besser vergleichen könne, wie oft J. mit dem Luciantext gehe. In der dritten Kolumne stehen diejenigen Luciantexte die mit J. übereinstimmen, in der vierten meistens nur die Zahl der Kodices, die sonst noch mit J. gehen, waren Majuskeln darunter, so habe ich es angemerkt, was auch bei einigen wichtigen Minuskeln geschehen.

Jes. 5_{18-25} cf. J. D. 133[8] (18. 20. D. 17[11]).

---

[1]) D. Überlieferung der griechischen Apologeten Texte u. Untersuch. I. S. 41.
[2]) Origines Hexaph. ed Field I. LXXXVIII.
[3]) Die erste Anregung zu meinen Untersuchungen in dieser Richtung, verdanke ich meinem Freunde Herrn D. Rahlfs, der mich auf Lagardes Bemerkungen über die Citate von Clemens Romanus, Cyprian u. a. aufmerksam machte (s. Lagarde, Mittheilungen II. 53—55).

1) (V. 18) *τὰς ἁμαρτίας*] *τὰς ἁμαρτίας αὐτῶν* omnes (exc. 144) al.[9]
2) (V. 19) *ἐλθάτω*] *ἐλθέτω* 22. 36. 51. 90. 93. 144. 233. Chrys. al.[16]
3) (V. 20) *τὸ σκότος φῶς*] *τὸ φῶς σκ.* (22.) 48. 51. 62. 90. 93. 147. 233 *καὶ τὸ φῶς σκ.*] *καὶ τὸ σκ. φ.*
4) (V. 22) *πίνοντες τ. οἶνον*] *τ. οἶνον πίν.* omnes. Al. VII al.[5]
5) *οἱ κεράννυντες*] *οἱ κιρνῶντες* 22 (?) 36. 48. 51. 90. 93. 147 (?) al.[2]
6) (V. 25) *τὰ ὄρη*] *ἐπὶ τὰ ὄρη* 22. 48. 51. 62. 93. 147. 233. al.[2]

V. 18—20 citiert J. zweimal, diese beiden Anführungen stimmen wörtlich überein nur dass D. 17 *σχοινίῳ* D. 133 *ἐν σχοινίῳ*[1]) hat. Variante 1—3 wiederholen sich also an beiden Stellen. Eine der hier zusammengestellten Varianten hat nur Luciantexte zu ihren Begleitern. Var. 5 u. 6 fast nur Luciantexte. In Var. 1 u. 2 bezeugen neben einer Reihe andrer Handschr. doch wieder die ganze Reihe der Lucianhandschr. den Text J.'s. Var. 4 tritt allerdings der Kodex Alexandrinus hinzu. An allen sechs Stellen gehen mit J. die Handschr. (22) 51. 93, an fünfen 48. 90. 147. 233. Wenn wir damit vergleichen, dass die Handschr., die neben den Lucianhandschr. am häufigsten mit J. geht nur vier Übereinstimmungen aufweist, der Kodex Al. aber nur einmal mit J. geht, so ist das Urteil gesichert, dass wir hier auf sehr starke Spuren einer Revision der Citate J.'s nach lucianischer Textrecension stossen. Denn es ist zu vermuten, dass J.'s Text in allen sechs Fällen geändert wurde.

— Ein etwas andres und weniger günstiges Bild gewinnen wir allerdings, wenn wir den Gesammtumfang der Varianten überblicken; so zählen wir nicht weniger als 13 Varianten im D. 133, in denen J. ganz allein steht. Namentlich grössere Änderungen (s. V. 19 u. V. 25) freiere Ausführungen und Kürzungen, die J. am Text vorgenommen, sind ungeändert geblieben. Auf der andern Seite zähle ich 8 Lesarten [2]), die mit Sicherheit dem Luciantext zuzuschreiben sind und doch nicht in J.'s Text übergegangen sind [3]). So kommen wir zu dem Resultat, dass die Texte nicht etwa planmässig ausgeglichen wurden, dass vielmehr die Abschreiber, wo er ihnen in den Sinn kam, geändert haben; ja es ist anzunehmen, dass diese Änderungen vielfach nur nach dem Gedächtnis geschahen. So wenigstens würde es sich am besten

---

[1]) *ἐν σχοινίῳ* ist eine völlig unbezeugte Lesart, vielleicht D. 17 korrigiert.

[2]) D. Variante V. 19 *ἃ ποιήσει ὁ θεός* statt *ἃ ποιήσει* zählt nicht mit, weil im Texte J.'s die Worte *ἃ -ίδωμεν* überhaupt ausgelassen sind.

[3]) Mit Sicherheit lässt sich hier natürlich nicht entscheiden, ob gerade jede Variante, von der wir vermuten, dass sie der Lucianischen Textrecension eigentümlich, auch in dem Texte der dem oder den Abschreibern J.'s zur Verfügung stand, gelesen wurde.

erklären, wie gerade die Stellen wo J. sich freier vom Wortlaut des alttestamentlichen Textes gehalten, der Bearbeitung wenig unterworfen werden konnte, während gerade da, wo ein wörtlich engerer Anschluss stattfand, die Kraft des Gedächtnisses in Bewegung gesetzt wurde, die dem Abschreiber nun unwillkürlich den Wortlaut des ihm bekannten Textes in die Feder trieb. Wir wenden uns nun andren Citaten zu, um zu sehen, wie weit sich etwa die Bearbeitung nach dem Luciantexte erstreckt. Nicht in allen Fällen werden wir natürlich mit Sicherheit entscheiden können, namentlich bleibt es uns ja völlig unmöglich zu übersehen, wie viel des Eigentümlichen durch jene Revision aus J. verschwunden ist, da wie ja überall da, wo jetzt J. der gewöhnliche LXX-Text und Lucian (L.) übereinstimmen, nicht mehr zu erkennen vermögen, ob das immer so gewesen.

Jes. 39$_8$ 40$_1$—$_{17}$. cf. D. 50^4.

1) 39$_8$ 'Ησαίᾳ] πρὸς 'Ησαίαν   omnes (exc. 93)   Al. XII al.^{9}
2) 40$_3$ ποιῆτε] ποιεῖτε.   51. 62. 90. 147.   49.
3) V. 4 πεδία] ὁδοὺς λείας   36. 93. 233   III. al.^{12}
4) V. 6 εἶπα] εἶπον   omnes (exc. 22)
5) V. 8 τοῦ θεοῦ ἡμῶν] κυρίου   omnes (exc. 22)
6) V. 11 ἐν γαστρὶ] τὴν ἐν γ.   omnes (exc. 22)
   ἐχούσας] ἔχουσαν   τὰς ἐν γαστριέχούσας.
7) V. 13 συμβιβᾷ] συμβιβάσει   22. 36. 51. 90. 93. 233   Al. al.^{7}
8) V. 15 ὡς] καὶ ὡς   51. 62. 90. 147. 308   49. al.^{7}

Auch hier zeigt J. überwiegende Übereinstimmung mit L. An 7 Stellen geht sein Text mit 51. 90, sechsmal mit 36. 62. 147. 233, fünfmal mit 93. 108, viermal mit 48. 144, während von andern Handschr. 49 ihm nur viermal zur Seite tritt, der Kodex Alex. nur dreimal. So werden wir auch hier die meisten Varianten mit einiger Sicherheit der Überarbeitung zuweisen. Bei Variante 1. 3. 7 können wir allerdings nicht sicher entscheiden. Denn hier tritt auch der Cod. A. mit seinen Trabanten für die Lesart J.'s ein.

Jes. 52$_{10}$—54$_6$. D. 13^6; Jes. 52$_{13}$—53$_8$. I 50^1.
Jes. 52$_{15}$—53$_1$. D. 118$_{13}$; J. 53$_8$—$_{12}$. I 51^2.

1) 52$_{10}$. τὸν ἅγιον αὐτοῦ] 22. 36. 62. 90. 147. 233. 308   Al. XII al.^{4}
   αὐτοῦ τ. ἁγ.
2) θεοῦ ἡμῶν] θεοῦ   Al. al.^{5}
3) V. 11. ἐξέλθατε] ἐξέλ-   36. 48. 51. 90. 144. 233. 308   al.^{10}
   θετε

---

^{1}) Al. bedeutet d. editio. III die Lesarten des Kod. Alexandrinus, soweit sie aus inneren Gründen von den Herausgebern nicht in den Text aufgenommen sondern an den Rand gesetzt wurden.

4) V. 12. πορεύσεσθε] XII al.⁴
πορεύεσθε
5) προπορεύσεται] πο- omnes (exc. 36. 144) Al. al.⁴
ρεύσεται
6) θεός] κύριος ὁ θεός 36 (ὁ κύριος θεός) 22. 48.
                      51. 90. 144. 308; Al. al.¹¹
7) V. 14. ἐπί σε πολλοί] omnes (exc. 51)
πολλοὶ ἐπί σε bis.
8) ἀπὸ υἱῶν ἀνθρώπων] omnes (exc. 233. 308) III. XII. 26
D. ἀπὸ τῶν ἀνθρώπων (: ἀπὸ τῶν υἱῶν τῶν
Ap. ἀπὸ ἀνθρώπων   ἀνθρώπων)
9) V.15. θαυμάσονται] D.
θαυμασθήσονται
10) 53₂. ὡς παι- | ἐναντίον 22. 48. 93. 144. 147.
δίον ἐναντίον | D. (Ap. 233. 308 Al. XII. al.⁴
αὐτοῦ | u. D. 42⁴
            | ἐνώπιον
            | αὐτοῦ ὡς
            | παιδίον
11) 53₅ τὰς ἁμαρ-|τὰς ἀνο- omnes (exc. 93) III. XII. al.⁵
τίας . . . καὶ | μίας κ. τ.
.. τὰς ἀνομίας| ἁμαρτ.
            (Ap.)
12) εἰρήνης ἡμῶν] Ap. εἰ-
ρήνης
13) 53₆ κύριος παρέδωκεν]
Ap. παρέδωκ.
14) 53₇ στόμα] στόμα αὐ- omnes (exc. 22. 36) Al. XII al.¹⁴
τοῦ bis.
15) 53₈ ταπεινώσει] bis. omnes (exc. 62. 93. 308) 228
ταπεινώσει αὐτοῦ
16) τὴν γενεάν] D. τὴν δὲ 93. 147 al.⁷
γενεάν
17) ἤχθη] ἤκει Ap. u. D. 62. 90. 144. 147. 233
aber ἤχθη D. 89⁶ 43⁷
18) V. 9 οὐδὲ δόλον] Ap. omnes exc. 48. 62 XII al.¹¹
οὐδὲ εὑρέθη δόλ. D.
καὶ οὐχ εὑρ. δόλ.
19) V. 10 περὶ ἁμαρτίας]
D. περὶ τῆς ἁμαρτ.
20) τοῦ πόνου|Ap. πόνου
τῆς ψυχῆς|τὴν ψυχήν
21) 54₃ τὰ ἀριστερά] εἰς 22. 36. 62. 90. 147 Al. XII. al.⁸
τὰ ἀριστ.

22) V. 4 *οὐ μὴ μνησθήσῃ*] 22. 36. 51. 62. 90. 147. 233
οὐ μνησθ.
23) *μνησθήσῃ ἔτι*] *μνησ-* Al. al.⁹
θήσῃ
24) V. 6 *οὐδ ὡς γυναῖκα*] 62. 144. 308.
ὡς γυναῖκα

Die Entscheidung, wie weit unter diesen vierundzwanzig Varianten alte Lesarten des J., wie weit später eingetragene Korrekturen anzunehmen sind, wird hier besonders schwierig, weil meistens Cod. A. nebst andern Handschr. als Zeugen für J. zu dem Luciantext hinzutreten. Nur in Var. 7. (15.) 17. 21. 23 finden wir die Lesarten J.'s allein von L-Texten gestützt. Aber es stehen uns hier gerade noch andre Mittel zur Verfügung, die Bearbeitung zur Evidenz zu bringen. V. 10 liest J. jetzt in der Apol. *τὰς ἀνομίας καὶ τὰς ἁμαρτίας* im D. *τὰς ἁμαρτίας καὶ τὰς ἀνομίας*. Da diese Abweichung den Varianten im LXX-Text entspricht, so wird sie kaum zufällig sein, sondern sich daraus erklären, dass hier an einer der beiden Stellen eine Textkorrektur stattgefunden. Bestätigt wird diese Vermutung wenn wir I. Clemens 16₄ vergleichen. Hier liest Cod. A. (bei Harnack Patrum Apost. Pars I S. 30) *ἁμαρτιάς καὶ ἀνομίας*, Cod. C. die Worte in umgekehrter Reihenfolge. Hier haben wir handschriftlich den Beweis vor Augen, dass die Bibelcitate der Kirchenväter nach dem dem Abschreiber geläufigen Bibeltext geändert wurden. So werden wir auch für J. dasselbe vermuten dürfen. Und wenn denn einmal eine Textänderung hier angenommen werden muss, so wird sie eben auf Rechnung einer Beeinflussung durch den L-Texte zu setzen sein. Ebenso klar stellt sich die Notwendigkeit der Annahme einer Überarbeitung heraus bei Var. 17. Jes. 53₈ lesen wir jetzt bei J. in beiden zusammenhängenden Anführungen statt *ἤχθη* : *ἥκει*, dagegen hat J. zweimal im D. bei mehr zufälligen Äusserungen *ἤχθη*. Da nun *ἥκει* auch L-Text ist, so ist mit Sicherheit zu schliessen, dass diese Lesart erst durch den Korrektor in den Text gekommen[1]. Es liesse sich kaum entscheiden, ob Var. 10 durch Korrektur entstanden oder nicht, da sie nicht nur von L., sondern auch von A. gestützt wird, wenn nicht die Beobachtung hinzukäme, dass wir in demselben Zusammenhang mit allen jetzt bekannten LXX Handschr. *ἐναντίον* bei I. lesen, während J., wie aus der Apologie und D. 42⁴ hervorgeht, *ἐνώπιον αὐτοῦ* las. Ist aber so an einem Punkt die Textüberarbeitung erwiesen,

---

[1]) Dagegen spricht nicht, dass auch Clemens a. a. O. *ἥκει* liest. Die Lesart wird in seinem Text auf dieselbe Weise eingedrungen sein, wenn wir es auch nicht mehr handschriftlich nachweisen können.

so wird auch im höchsten Grade wahrscheinlich, dass die Umstellung auf den Einfluss des L-Textes zurückzuführen ist. Ob die Varianten 9. 12. 13. 19. 20, in denen wir überall eine Verschiedenheit zwischen Apol. und D. konstatieren können, auf eine spätere Korrektur hinweisen, ist nicht mit Sicherheit zu entscheiden, doch recht wahrscheinlich [1]).

Jes. 58. 1—11. D. 15[1].

1) V. 2 μου τὰς ὁδούς]   omnes (exc. 144)   al.[3]
τ. ὁδούς μου

2) (V. 4) εἰ εἰς κρίσεις]   23
ἰδοὺ εἰς κρίσ.

3) (V. 5) ἐξελεξάμην] ἐγὼ   omnes (exc. 62. 147. 233).   al.[5]
ἐξελεξ.

4) ὑποστρώσῃ] ὑποστρώ-   147   al.[2]
σῃς

5) νηστείαν δεκτήν] νη-   omnes   23
στείαν καὶ ἡμέραν
δεκτὴν τῷ κυρίῳ

6) (V. 6) ἐξελεξάμην] ἐγὼ omnes (exc. 62. 233) Al. al.[11] Barn. III[3]
ἐξελεξ.

7) (V. 7) εἴσαγε] εἰσάγαγε   36. 62. 90. 93. 144. 147   al.[6]

8) (V. 8) ἰάματα] ἱμάτια   147

9) (V. 9) ἐὰν ἀφέλῃς]   36. (62). 90. 144. (147). 233. 308
ἐὰν δὲ ἀφέλῃς

10) (V. 11) καθάπερ] καθά   62. 90. 233

11) πιανθήσεται] πιαν-   41
θήσονται

12) ὡς πηγὴ ἣν μή] πηγὴ   62. 147. 233
ὕδατος (ἣ γῆ) ᾖ μή.

Drei von diesen Varianten zeichnen sich dadurch aus, dass sie Lesarten bieten, die aus den Übersetzungen des Aquila Symmachus und Theodotion stammen. Es sind dies die Varianten 2. 5. 12. Auf welchem Wege sind diese Lesarten in den Text J.'s eingedrungen, etwa durch direkte Bekanntschaft J.'s mit jenen Übersetzungen? Bei Variante 12 ist das im höchsten Grade unwahrscheinlich. Wenn wir die offenbare Glosse ἣ γῆ, die sich nirgends weiter bezeugt findet aus J.'s Text fortlassen,

---

[1]) Einen Beweis, dass solche Textveränderungen wie wir sie annehmen wirklich stattgefunden haben, findet sich bei Credner S. 223. Er berichtet, dass D. 13 im Citat von Jes. 54₂ καὶ τὰς δέρεις τῶν αὐλεών σου Lesart der älteren Ausgaben sei, die Handschr. jedoch nur καὶ τῶν αὐλεών hätten, während jene Lesart nur am Rande sich finde. Diese Variante aber ist eine Lesart des Luciantextes. Hier sehen wir also die Art und Weise vor Augen, in der spätere Lesarten in den Text J.'s eingedrungen sind.

so stimmt derselbe wörtlich mit L. Auf die Übersetzungen aber lässt sich nur der Zusatz ὕδατος zurückführen ¹). Damit ist erwiesen, dass in J.'s Text die Variante nur auf dem Umwege einer Korrektur nach L. eingedrungen sein kann. Da ausserdem in Var. 9 und 10 eine Überarbeitung nach L. erweislich ist, so ist auch von hier aus sicher, dass Variante 12 auf diesem Wege entstanden. Zu keinem sicheren Resultat gelangen wir in Var. 2. Hier geht keine Lucianhandschr. mit J., nur der Kodex 23. Da dieser aber auch Var. 5 alleine mit J. und sämmtlichen Lucianhandschr. geht, und er überhaupt, wie mir scheint, zum Teil L-Text hat, so wäre die Annahme immerhin möglich, dass jene Variante aus einer Handschr. stammt, die zur L-Familie gehörte. Auch bei Var. 1 u. 2, damit auch bei Var. 6 lässt sich Überarbeitung vermuten, ebenso bei Var. 7. Was Var. 8 anbetrifft, so wird J. wahrscheinlich schon ἱμάτια gelesen haben, da auch Barn. III 3 so liest, Tertullian de resurr. 27 die falsche Lesart sogar exegetisch verwendet (Credner a. a. O. S. 227). Die Übereinstimmung mit Handschr. 147 dürfte hier also zufällig sein. Damit ist auch die Entscheidung in Var. 4 unsicher gemacht.

Jes. 62_{10}—$_{12}$. 63_1—$_6$. D. 264^4.

1) 62_{10} σύσσημον] σύσ-   147   104
σεισμον
2) 62_{11} ὁ σωτήρ σοι] σοι   Al. XII al.[5]
ὁ σωτήρ
3) ἔργον αὐτοῦ] ἔργον   Complut.   (Al.) al.[10]
4) 63_1 παραγενόμενος]   48. 51. 233   Al. XII al.[5]
παραγινόμ.
5) ἱματίων] ἱματίων αὐ-   62. 93. 147   86
τοῦ
6) οὕτως] οὗτος   48. 62. 93. 147   Al. al.[3]

---

¹) Nach dem Kod. Syriaco = hexaplaris stand jener Zusatz nur im Symmachus, nach Montfaucons Hexaplen in allen drei Übersetzungen. Im ersteren Falle könnte J. seinen Zusatz sicher nicht aus dieser Quelle haben (s. Credner z. dies. Stelle).

²) Es müsste überhaupt nach den neu gewonnenen Gesichtspunkten die Frage noch einmal durchgearbeitet werden, ob J. wirklich den Aquila Symmachus und Theodotion gekannt. In Bezug auf Aquila wäre das ja möglich, für Symmachus erscheint es mir unmöglich, bei Theodotion im höchsten Grade fraglich. Das einzige Recht, Theodotions Übersetzung so früh anzusetzen, nimmt man sich eben aus der Übereinstimmung der Citate J.'s mit seiner Übersetzung, während Epiph. de pond. et mens 17 bestimmt berichtet, dass Theodotion erst unter Commodus übersetzt (s. Herzog, Realencykl. II S. 439. Epiphanius nennt allerdings einen Commodus II, doch kann uns das allein kaum an seiner Angabe so ohne weiteres irre machen.

7) V. 3 πλήρης κατα-   22. 36 (beide ex corr. πλήρους)   al.[6]
πεπατημένης] add.   144; mit Ausl. v. ληνον 147.
πλήρης ληνον ἐπά-   233; πλήρους (sonst wie J.) 48.
τησα μονώτατος   51. 62. 90. (93). 308
8) θυμῷ μου] θυμῷ   36. (Complut.)   Al. al.[8]
9) V. 4 ἐπῆλθεν] ἦλθεν   48. 51. 62. 90. 93. 147. 233   XII al.[6]
10) V. 5 αὐτοὺς ὁ βρα-   22. 36. 48. 93
χίων] ὁ βραχίων
11) V. 6 τῇ ὀργῇ] ἐν τῇ   omnes (exc. 144) doch hat L.   al.[5]
ὀργῇ   hier eine grössere Abweichung
die sich bei J. nicht findet).

Die Var. 7 wird in dem Kod. Hexaplaris nach Montfaucon auf Symmachus zurückgeführt, von dem die zweite Übersetzung — denn offenbar finden wir hier zwei Übersetzungen derselben Worte nebeneinander — ληνον ἐπάτησα μονώτατος abstammen soll. Da J. die Übersetzung des Symmachus nicht gekannt haben kann, so bleibt nur die Annahme einer Textbearbeitung übrig[1]). Eine solche wird wahrscheinlich auch in den Varianten (5.) (6.) 9. 10. (11). In Variante 1 hat Otto ohne weiteres den gebräuchlichen Text in J. wiederhergestellt. Eine Textänderung nach einer dem Kod. 147 verwandten Handschr. wäre nicht unmöglich.

Jes. 65_{17—25}. D. 81[1].

1) (V. 17) οὐδ' οὐ μή]   22. 36. 51. 62. 147. 308   109. 302
οὐδὲ μή
2) (V. 18) ὅτι ἰδού] ὅσα   omnes (exc. 90. 144. 308)   23
ἐγὼ κτίζω ὅτι ἰδού
3) ἀγαλλίαμα Ἱερουσ.]   omnes (90) (exc. 93)   109. 302
τὴν Ἱ. ἀγαλλίαμα
4) (V. 19) οὐκέτι μή]   22. 36. 51. 90. 144. 147. 233   106
οὐκέτι οὐ μή
5) καὶ φωνή] οὐδὲ φωνή   Complut.   III al.[9]
6) (V. 20) οὐδ' οὐ μὴ γέ-   omnes   Al. XII 26. 106
νηται] καὶ οὐ μὴ γένηται
7) ἄωρος] ἄωρος ἡμέραις   22. 36. 48. 51. 62. 93. 147. 233   106
8) ὁ νέος] ὁ νέος υἱός   22. 36. 48. 51. 62. 93. 144. 308   23. 49
9) ἁμαρτωλός] ἁμαρτ.   62. 308
υἱός

---

[1]) In die meisten Ausgaben J.'s ist auch die Lesart der überwiegenden Mehrzahl der Luciantexte πλήρους übergegangen. Wieder können wir hier eine Textänderung konstatieren, die auf dieselbe Art und Weise entstanden wie die übrigen von uns vermuteten.

10) (V.22)οἰκοδομήσουσι] -ωσι		62. 90. 144	109.302.41
11) φυτεύσουσι] φυτεύσωσι		(62. deest) 90. 144	109.302.41.49
12) τὰ γὰρ ἔργα] τὰ ἔργα		omnes exc. 308	(Al.) XII. al.[12]
13) (V.23) οὐ] οὐ μή		90. 144	49
14) (V.24) ὑπακούσομαι] ἐπακούσ.		22.51.90.93. 147. 233	Al. XII. 41. 49. 106 al.[2]

Var. 2 ist aus den Übersetzungen des Aq. Symm. Theod.[1]), das τήν in Var. 3 ebenfalls aus Aq. Symm. und Theod. (die Umstellung war ein verbreiteter Text auch von A. und neun andern Handschr. gestützt). Var. 7 aus Theodotion, Var. 8 und 9 aus Aq. und Theod. Ich wage gestützt auf alles im Vorhergehenden ausgeführte, die Behauptung, dass sämmtliche fünf Varianten erst auf dem Umwege einer Textbearbeitung in J.'s Text eingedrungen sind. Über die übrigen Varianten ist ähnlich wie sonst zu urteilen. Bemerkt aber mag hier noch werden, dass die Handschr. 23. 109. 302. 106. (41?). (49?) sich den Lucianhandschr. verwandt erweisen. Sie treten mehrere Male einem erwiesenen Luciantext als einzige Zeugen zur Seite, zeigen sich also von ihm teilweise abhängig.

Wie in den Citaten J.'s aus Jesaias, so lässt sich auch in den Citaten aus den übrigen prophetischen Büchern die Textbearbeitung nachweisen. Ein Beispiel sei hier hergesetzt:

Amos. 5$_{18}$—6$_7$. D. 22^2 (Es kommen hier dieselben Handschr. in Betracht, doch fehlen 48. 90. 93. 144. 308).

1) (V. 19) ἐὰν φύγῃ] ὅταν		62. 147 (d. übrigen ἐὰν ἐκφύγῃ	Al. 23 ἐκφύγῃ
2) ὄφις] ὁ ὄφις		22. 36. 51. 62. 147	86. 238
3) (V. 20) αὕτη] αὐτῆς		22.36.62.147	XII 95. 185. 238. 311
4) V. 21) ἑορτάς] τὰς ἑορτάς		22.36.51.62.147	42. 86. 95. 185. 238
5) ὀσφρανθῶ θυσίας] ὀσφρανθῶ		22. 36. 51. 233	XII al.[16]
6) (V. 22) ὁλοκαυτώματα] τὰ ὁλοκ.			Al. 106
7) προσδέξομαι] προσδέξ. αὐτά		36. 233	Al. XII al.[7]
8) σωτηρίους] σωτηρίου		36. 63. 147 Compl.	Al. al.[16]
9) (V. 23) ψάλμον] ψάλμων			26. 86. 228

---

[1]) Cf. Credner a. a. O. S. 236 ff. Man lese auch nach, wie Credner wohl fühlt, dass hier Rätsel vorlagen, aber sich vergeblich abmüht sie zu lösen.

10) (V. 24) δικαιοσύνη] ἡ δικαιοσύνη	22.36.51.62.147	68.86.95.97. 185.228	
11) (V. 25) οἶκος ἐν τῇ Ἰσραὴλ τεσσεράκοντα ἔτη ἐν τῇ ἐρήμῳ	ἐρήμῳ οἶκος Ἰσραήλ	22.36.51.62 (τεσσεράκοντα ἔτη ἐν τῇ ἐρήμῳ οἶκος Ἰσραήλ)	95.114.185.238
12) V. 25] add. λέγει κύριος		233. Chrysost. Cyr. Alex.	Al. 26.49. 106.239
13) (V. 26) τύπους αὐτῶν] τύπους		22.51.62.147	XII. al.[10]
14) (6₁) ἐξουθενοῦσι] οἱ κατασπαταλῶντες			Aquila
15) Σαμαρείας] add. οἱ ὠνομασμένοι ἐπὶ τοῖς ἀρχηγοῖς			Symmachus
16) αὐτοί] ἑαυτοῖς		62	al.[8]
17) (6₂) πάντες] add. εἰς Χαλάνην		22.36.62.147 (sämmtl. Kod. lesen εἰς Χαλάν(ν)ην hinter ἴδετε)	42.68.95.97.114. 185.228.238.310
18) Ἐματραββᾶ] τὴν μεγάλην	Ἀμὰθ	22.36.51 εἰς Αἱμαθ. τ. μεγ. 62. 147 Σῆμαθ. τ. μ.	238. (86) (al.[4])
19) ἀλλοφύλων] τῶν ἀλλοφύλων		22.36.51.62.147	al.[10] darunter 68. 86. 95. 228. 238
20) τὰ ὅρια αὐτῶν] ἐστι	ἐστι τὰ ὅρια αὐτῶν	22.36.51.62.147	al.[6] dar. 86.95.238
21) τῶν ὑμετέρων ὁρίων] τῶν ὁρίων ὑμῶν		Complut.	40
22) (V. 4) καὶ ἔσθοντες] οἱ ἐσθίοντες		22.36.62.147	95.185.238
23) (V. 5) ἐπικρατοῦντες] ἐπικροτοῦντες		22.36. Compl. Chrys.	Al. al.[15]
24) ἑστηκότα] ἑστῶτα		omnes	Al. XII al.[20]
25) (V. 6) Ἰωσήφ] τοῦ Ἰωσήφ		22.36.51.147 (Compl. Chrys.)	95.185. 228.238
26) (V. 7) δυναστῶν] add. τῶν ἀποικιζομένων καὶ μεταστραφήσεται οἴκημα κακουργῶν			Aquila? (s. Credner 280)

Variante 14 stammt aus Aquila[1]), 15 aus Symm., Var. 17 fehlte (auch nach dem Kod. Syriaco-Hexaplaris) in den älteren Handschr., Var. 18 stammt aus Symmachus, Var. 26 wahr-

---

[1]) Cf. Credner a. a. O. S. 278.

scheinlich aus Aquila. Da wir nun Var. 17 und 18 mit Sicherheit auf eine Überarbeitung nach L-Handschr. zurückführen können, so dürfte es nicht zu gewagt erscheinen, auch die rätselhafte Übereinstimmung J.'s mit der Übersetzung des Symm. Var. 15, auf eine solche Überarbeitung zurückzuführen. Wir kennen für Amos. ja nur wenige Lucianhandsch. Da wäre es immerhin möglich, dass in einige derselben, die wir nicht mehr haben, jene Übersetzungsvariante des Symm. übergegangen und von dort in den Text J.'s gekommen. Dagegen wäre vielleicht eine Bekanntschaft J.'s mit der Übersetzung Aq. nicht zu bestreiten (s. Variante 14. 26). — Var. 11 bedarf noch einer besondern Besprechung, hier zeigt sich in den Handschr., was die Stellung der Worte anbetrifft, die grösste Mannigfaltigkeit, und wir können zunächst nicht erkennen, wohin der Text J.'s zu rechnen ist, da J. die Worte τεσσεράκοντα ἔτη überhaupt nicht hat. In dieser Eigentümlichkeit steht J. ganz allein. Doch ist vielleicht zu vermuten, dass durch Schuld eines Abschreibers μ' ἔτη vor ἐν τῇ ausgefallen wäre. Bestätigt wird diese Vermutung dadurch, dass wenn wir nun τεσσεράκοντα ἔτη vor ἐν τῇ ἐρήμῳ einsetzen, wir einen Text bei J. erhalten, der genau dem L-Text entspricht (s. o.). So wäre auch in dieser Variante eine Überarbeitung konstatirt. Bei den übrigen Var. schwankt natürlich die Sicherheit mit der wir entscheiden können. Wahrscheinlich wird die Bearbeitung in Var. 1 (?) 2. 3. 4. 5 (?) 10. 19. 20. (21 ?) 22. 25. Als Begleiter der Luciantexte erweisen sich die Handschr. 68. 86. 95. 228. 238.

Das vorgelegte Material genügt völlig zum Beweise, dass wir es hier in der That mit einer sehr weit gehenden Textausgleichung zu thun haben. Ebenso stringent wie in den Citaten aus prophetischen Büchern lässt sich der Beweis nun nicht überall erbringen.

Im Buche Daniel ist bekanntlich die Übersetzung des Theodotion überall in der Kirche gebräuchlich geworden, so dass wir überhaupt nur noch einen Kodex besitzen, in dem sich der alte LXX-Text erhalten hat. Nun fasst Credner seine Untersuchung über die Citate J.'s aus Daniel dahin zusammen, dass J.'s Text die alexandrinische Übersetzung zu Grunde liege, dass er aber vielfache Abweichungen zeige, die mit Theod. Übersetzung zusammenträfen (S. 272 f.). Ich vermute, dass auch diese Gestaltung des Textes J.'s einer Textüberarbeitung ihren Ursprung verdankt und dass J. Theodotion noch nicht gekannt. Es war ganz natürlich, dass hier nach dem Text, der kirchlich gebräuchlich geworden, geändert wurde.

In den historischen Büchern sind entschieden überarbeitete Stellen viel dünner gesäet. Dass solche vorkommen, mag folgende Stelle zeigen:

Gen. 18₂₂ cf. D. 56⁴³. L-Handschr. sind hier 19. 82. 108. 118. 308.

1) ἐκεῖθεν οἱ ἄνδρες] οἱ ἄνδρ. ἐκ.   19. 108 (s. den rekonstruierten al.¹² Text von de Lagarde)
2) Ἀβραὰμ δὲ ἔτι] Ἀβραὰμ δέ   19. 108. de Lag.   I. III al.⁷
3) ἐναντίον] ἔναντι   19. Complut.

Doch ist wie gesagt die Bearbeitung hier lange nicht so stark. Es mag sein, dass der Text der prophetischen Bücher dem Gedächtnis der Abschreiber vertrauter war. In den aus den Psalmen citierten Stellen zeigt J. ein unsern besten Handschriften weitaus am meisten genäherten Text. Mit Unrecht aber schliesst Hilgenfeld a. a. O. S. 398 daraus, dass die Psalmencitate in erster Linie einer konformierenden Arbeit unterworfen waren. Vielmehr dürfte diese Erscheinung daher abzuleiten sein, dass der Psalmtext überhaupt die stabilste Überlieferung gehabt. Eine eigentliche Textrecension ist am Psalmbuch, dem Gemeindegesangbuch niemals vorgenommen. Man wird daher von einer eigentlichen Textrecension des Lucian hier kaum reden dürfen, wie denn der Versuch noch nicht gemacht ist, hier bestimmte Handschr. der L-Recension zuzuweisen.

§ 5. Die gemeinsamen Citate des neuen Testaments und J.'s aus dem alten Testament.

Sofort drängt sich uns hier die Frage auf: wenn die alttestamentlichen Citate J.'s in so umfassendem Masse geändert sind, wie stehts da mit der Sicherheit der Überlieferung der neutestamentlichen? Wir werden also bei der nun folgenden Untersuchung immer die Frage im Auge behalten müssen: hat J. auch wirklich seinen neutestamentlichen Text so gelesen wie er jetzt vor unsern Augen steht?

Die Methode, die wir dabei anzuwenden hatten, ergäbe sich aus folgendem. Westcott und Hort haben in ihrem grossen textkritischen Werk die Vermutung aufgestellt, dass auch das neue Testament im Anfang des vierten Jahrhunderts eine Recension erlitten hat, dass dieser recensierte Text (im wesentlichen noch unser heutiger textus receptus) kirchliche Gültigkeit zuerst in den östlichen Kirchenprovinzen erhalten hat (Syrien, Kleinasien, Byzanz) und sich dann mehr und mehr verbreitet habe, sie nennen diese Textgestaltung die syrische. Syrische Lesarten haben wir überall da, wo diese gestützt werden durch die späteren Majuskeln (von E an, mit einigen Ausnahmen z. B. L) und durch die grosse Überzahl der Minuskeln. Mag die Untersuchung der englischen Gelehrten in manchen Einzelheiten noch der Bestätigung bedürfen, so viel können wir mit Sicherheit sagen: wo wir bei J. einen Text fänden, der auf der einen Seite gegen unsre grossen wertvollsten Handschr. Bא (A. C.), auf der andern Seite gegen die Gruppe, die Westcott-Hort unter dem Namen western text zusammenfassen, (D., die altlateinischen und altsyrischen Handschr.), mit den späteren Majuskeln und den meisten Minuskeln stände, — so könnten wir mit einiger Sicherheit schliessen, dass J. so nicht gelesen haben kann, wie sein Text jetzt lautet.

Es sei gleich vorausgeschickt: in den neutestamentlichen Citaten J.'s werden wir im ganzen nur wenige Spuren einer Textüberarbeitung finden. Es wird seinen Grund in der viel freieren Citationsweise haben, die J. im neuen Test. anwendet, dass sich hier die ausgleichende Thätigkeit der Abschreiber auf ein Minimum beschränkt hat[1]).

Jedoch in einer Hinsicht löst uns die Beobachtung, die wir in den alttestamentlichen Citaten gemacht haben, ein Rätsel auf dem Gebiet der neutestamentlichen Citationsweise J.'s, das bisher unlösbar schien. Als Hauptbeweis für die Bekanntschaft J.'s mit unserm kanonischen Matthäus-Evangelium wurde immer wieder die wörtliche Übereinstimmung J.'s mit Matthäus in den Citaten, die sie beide aus dem alten Testament entlehnen, ins Feld geführt. Man bedachte dabei nicht, dass es doch ein verwunderliches Ding ist, dass J., der sonst den Apologeten zu Gefallen so frei citiert, dass sie meinten auch die grössten Textabweichungen ohne weiteres auf das Konto von J.'s Gedächtnisschwäche setzen zu können, nun gerade in den wenigen alttestamentlichen Citaten den grössten Fleiss verwendet, um mit Matthäus wörtlich übereinzustimmen! Vielleicht löst auch hier die Annahme einer ausgleichenden Textbearbeitung das Rätsel.

---

[1]) Cf. S. 23.

1) Sacharj. 9, 9.

I. 35,12	D. 53,10	Matth. 21,5	LXX
χαῖρε σφόδρα θύγατερ Σιών κήρυσσε θύγατερ Ἰερουσαλήμ, ἰδοὺ ὁ βασιλεύς σου ἔρχεταί σοι πρᾶος	χαῖρε σφόδρα θύγατερ Σιών ἀλάλαξον κήρυσσε θύγατερ Ἰερουσ. ἰδοὺ ὁ βασιλεύς σου ἥξει σοι δίκαιος κ. σώζων αὐτός καὶ πραΰς κ. πτωχός	εἴπατε τῇ θυγατρὶ Σιών ἰδοὺ ὁ βασιλεύς σου ἔρχεταί σοι πραΰς	χαῖρε σφόδρα θύγατερ Σιών κήρυσσε θύγατερ Ἰερουσαλήμ ἰδοὺ ὁ βασιλεύς σου ἔρχεταί σοι δίκαιος κ. σώζων αὐτός πραΰς add. σου Al. al. 19 πρᾶος 22. 51. 62. 147 al. 7
ἐπιβεβηκώς ἐπὶ ὄνον καὶ πῶλον υἱὸν ὑποζύγιον	ἐπιβεβηκώς ἐπὶ ὑποζύγιον καὶ πῶλον ὄνου	καὶ ἐπιβεβηκώς ἐπὶ ὄνον καὶ¹) ἐπὶ πῶλον υἱὸν ὑποζυγίου²)	καὶ ἐπιβεβηκώς ἐπὶ ὑποζύγιον καὶ πῶλον νέον.

¹) D. καὶ πῶλον.
²) D. it. ὑποζύγιον.

Schon diese Übersicht zeigt, dass hier die Textverhältnisse unendlich verwickelter und die Entscheidung im einzelnen Fall ungleich schwieriger ist. So viel aber ist sicher, dass der Text im D. durchaus LXX-Text bietet, ein Einfluss des Matthäus ist in keiner Variante erweisbar, die Abweichungen vom Septuagintatext erscheinen als zufällige. Nur das πτωχός scheint mir eine Glosse zu sein, da auch Symm. und die „fünfte" Übersetzung so lasen, und das Wortgefüge ungemein schwerfällig ist. Es lässt sich nun aber erweisen, dass das Citat der Apologie eine Textüberarbeitung erlitten hat. Auffällig ist es schon, dass J. hier die erste Hälfte nach der LXX, die zweite nach Matthäus citiert hätte. Seltsam ist es ferner, dass J., während er in dem ganzen Bericht über den Einzug Jesu in Jerusalem dem Markus-Lukasbericht folgt, in dem Sacharjacitat, dessen Fassung ja gerade die Erzählung des Matthäus eigentümlich beeinflusst, nun diesen wörtlich ausschreiben sollte [2]). Aber wir haben auch noch exakte Beweise für die Textüberarbeitung. So wie der Text J.'s jetzt am Ende dieses Citats dasteht, kann J. ihn schwerlich gelesen haben. Las J. einen unsern Kodices ℵ und B verwandten Text, so hätte er schreiben müssen: ἐπὶ ὄνον καὶ ἐπὶ πῶλον υἱὸν ὑποζυγίου, hätte er einen Text vor sich gehabt, wie ihn die Familie des „western text" darstellt, so hätte es lauten müssen: ἐπὶ ὄνον καὶ πῶλον υἱὸν ὑποζύγιον. Ganz mit J. gehen hier nur spätere Majuskeln. Und schliesslich verrät sich der Textkorrektor ganz offenbarlich, indem er in der Ausführung über das Citat drei Worte stehen gelassen ἐπὶ πῶλον ὄνου (vor Note 11) genau die Worte, mit denen das Citat des Dialogs schliesst, während wir nunmehr in der Apologie den Text des Matthäus lesen.

---

[1]) S. I 32. 9.
[2]) Dagegen bietet J. wiederum im Dial. neben dem aus Matth. entlehnten Bericht von dem Einzug Jesu in Jerusalem ein Citat, das sich durchweg an die LXX anlehnt.

2) Jerem. 31. 15. 218
J. D. 78. 19

Mtth.	LXX (B.)	Lucian
φωνὴ ἐν ʽΡαμὰ ἠκούσθη κλαυθμὸς καὶ ὀδυρμὸς πολὺς ʽΡαχὴλ κλαίουσα τὰ τέκνα αὐτῆς καὶ οὐκ ἤθελε παρακληθῆναι ὅτι οὐκ εἰσίν.	φωνὴ ἐν ʽΡαμὰ ἠκούσθη θρήνου κ. κλαυθμοῦ κ. ὀδυρμοῦ ʽΡαχὴλ ἀποκλαιομένη οὐκ ἤθελε παύσασθαι ἐπὶ τοῖς υἱοῖς αὐτῆς ὅτι οὐκ εἰσίν	φωνὴ ἐν ʽΡαμὰ ἠκούσθη θρῆνος κ. κλαυθμὸς καὶ ὀδυρμὸς ʽΡαχὴλ ἀποκλαιομένης ἐπὶ τ. υἱῶν αὐτῆς καὶ οὐκ ἤθελε παρακληθῆναι ὅτι οὐκ εἰσίν XII. 22. 36. 48. 51 62. 90. 233 (Al.) 36. 62. 233 (Al.) 36. 62. 90

---

[1] θρῆνος καὶ κλαυθμός D. C. Syr. Cu.
[2] D. it.: ἠθέλησεν.

Auch an dieser Stelle ist eine Textüberarbeitung zu vermuten. Von vorneherein erweckt die wörtliche Übereinstimmung zwischen J. und Matthäus Verdacht. Seltsam ist es ferner, dass J. keine der beiden Lesarten, die der (durch D. und die altlateinischen und syrische Übersetzung vertretene) Vulgärtext des zweiten Jahrhunderts bietet, bestätigt. Ausserdem sehen wir auch aus den LXX-Varianten, in wie starkem Umfange auch in den alttestamentlichen Handschr. der Text dieses Citats nach dem aus dem neuen Testament geläufigen Wortlaut konformiert wurde.

Eine ähnliche Erscheinung beobachten wir in dem Citat Micha. 5_2 = Matth. 2_6 cf. I 34^1 D. 78^4. An beiden Stellen findet sich eine wörtliche Übereinstimmung mit unserm Matthäustext. (nur das τὸν Ἰσραήλ zum Schluss ist weggelassen.) Zweimal weicht hier der western text von dem sonst bezeugten Text ab, er liest Ἰουδαίας statt Ἰούδα, μὴ statt οὐδαμῶς, während J. keine von diesen Lesarten teilt. Ferner finden wir auch wieder in dem alttestamentlichen Variantenmaterial zu dieser Stelle Beispiele dafür, dass in der That die alttestamentliche Stelle nach dem Wortlaut des Matthäus des öftern korrigiert wurde. Endlich ist zu bemerken, dass J. in der Apol. wenigstens sein Citat ausdrücklich als aus dem alten Testament citiert bezeichnet, so dass an dieser Stelle eine Überarbeitung höchst wahrscheinlich wird.

Das Citat Jes. 7_{14} finden wir bei J. jetzt in höchst mannigfaltiger Gestaltung.

1) I 33^1 ἰδοὺ ἡ παρθένος ἐν γαστρὶ ἕξει καὶ τέξεται υἱὸν καὶ ἐροῦσιν ἐπὶ τῷ ὀνόματι αὐτοῦ μεθ' ἡμῶν ὁ θεός.

2) D. 43_{12} ἰδοὺ ἡ παρθένος ἐν γαστρὶ λήμψεται καὶ τέξεται υἱὸν καὶ καλέσεται τὸ ὄνομα αὐτοῦ Ἐμμανουήλ.

3) D. 66_2 ἰδοὺ ἡ παρθένος ἐν γαστρὶ λήμψεται καὶ τέξεται υἱὸν καὶ καλέσουσι τὸ ὄνομα αὐτοῦ Ἐμμανουήλ.

Es ist Zahn Recht zu geben (a. a. O. S. 486), dass wir hier in dem Citat aus der Apologie, einen Einfluss des Textes, wie ihn Matthäus bietet, spüren können. Die Variante ἕξει ist allerdings nicht beweisend. Denn auf der einen Seite citiert J. fast immer λήμψεται[1]), andrerseits ist an zwei Stellen nachzuweisen, dass die Lesart ἕξει erst durch Abschreiber in den Text J.'s gedrungen ist. D. 43^{21} behauptet J., dass die Christen (im Gegensatz zu den Juden) läsen: ἰδοὺ ἡ παρθένος (statt νεᾶνις) ἐν γαστρὶ ἕξει (st. λήμψεται) während er in demselben Kapitel die Stelle im Zusammenhang citiert ἰδοὺ ἡ παρθένος ἐν γαστρὶ λήμψεται. D. 84^9 ist die Lesart ἕξει sogar in den specifisch

---

[1]) Cf. 67^1 (zweimal) 71^4 (zweimal) 43^{21} 68^{13} $84^{1.8}$.

jüdischen Text eingedrungen ἡ νεᾶνις ἐν γαστρὶ ἕξει. So wird auch das ἕξει in der Apologie verdächtig als spätere Korrektur. — Aber die Lesart ἐροῦσιν erinnert an das καλέσουσιν des Matthäus, und auch das μεθ' ἡμῶν ὁ θεός ist aus Matthäus. Und es ist auch gar nicht verwunderlich, dass J. so freie Anklänge an Matthäus bietet. Aber vermuten möchte ich, dass D. 43 u. D. 66, wo J. seinem Septuagintatext beide Male genau nachgeht, die beiden Varianten καλέσεται und καλέσουσιν erst durch Korrekturen eingedrungen sind. Die Variante καλέσεται findet sich im alten Testament erst in späteren, namentlich Lucianhandschr. 62. 93. 147. (301), die gleichwertige Variante καλέσετε (τε und ται werden in den Handschr. sehr leicht vertauscht) in den Handschriften 22. 36. 48. 51. (49. 228). Im neuen Testament ist die Entscheidung schwieriger. In keiner unsrer Handschr. finden wir die Lesart; der western text (Cod. D. die meisten Italakodices — einige lesen vocabit — und der Kuretonsche Syrer) hat καλέσεις. Dagegen bezeugt uns Origenes in Isaiam Homil. II 1 (Lommatzsch 13. 249): in Matthaeo porro scimus lectitari: „vocabitur", dass auch im Neuen Testament die Lesarten καλέσετε -αι. gebräuchlich waren und zwar wie es scheint früher als im alten Testament. Seltsamerweise ist nun die Lesart ausserdem bei einigen lateinischen Kirchenvätern erhalten, bei denen wir vocabis vermuten sollten. Tertullian [1]) adv. Jud. 9 liest vocabitis (adv. Prax. 27 vocabitur), Cyprian Testim II 6 [2]) (Hartel S. 71) und Ep. X 4 (a. a. O. S. 493) [3]), Lactanz [4]) Instit. IV. 24. Epit. 44₂ sämmtlich vocabitis (Rönsch a. a. O. S. 577 führt noch Novatian als Zeugen für das vocabitis an). Zu vermuten wäre, dass auch hier Korrekturen des alten im Occident gebräuchlichen Textes vocabis stattgefunden haben. Auch hat sich uns eine Spur einer solchen Textkorrektur erhalten. Bei Cyprian Testimonia II 9 (a. a. O. S. 74) liest die Handschr. M. vocabis (und mit ihr geht Hartel im Text), während die übrigen Handschr. in vocabit und vocabitur ändern [5]). Was in

---

[1]) Rönsch, das neue Testament, Tertullianus S. 56. — vocabitur liest auch der Übers. des Irenaeus adv. haer. IV 23₁, vocabunt III 16₂ (nach Harv. II 83) (nach Migne vocabitis) III 9₁ (II 31).
[2]) In einem Citat aus Matthäus.
[3]) In einem Citat aus Jesaias.
[4]) S. die Abhandlung von Rönsch in Illgens Zeitschr. 1871.
[5]) Den Grund weshalb an diesen Stellen so viel geändert wurde giebt uns Origenes a. a. O. an: Novi quendam in exordio scripturarum evangelii legentem „et vocabis nomen eius Immanuel" — dixisse intra se ipsum: quid est vocabis? qui vocabit? Achaz et quomodo potuit Achaz de salvatore qui post generationes multas venit, audire: vocabis nomen eius J.? atque ita pro eo quod est „vocabis" scripsisse „voca-

dieser Stelle erwiesen ist, möchte ich an mancher der andern Stellen vermuten. Jedenfalls ist es unwahrscheinlich, dass schon J. ein καλέσεται selbst gelesen hätte, und die Annahme einer Überarbeitung hat die grössere Wahrscheinlichkeit für sich. Aber auch das καλέσουσι in D. 66 ist verdächtig. Denn wenn J. in der Apol., wo er den Zusammenhang des Matthäus vor Augen hat, frei citiert ἐροῦσι, wie ist es denkbar, dass ihm hier, wo er sichtlich dem LXX-Text nachgeht, die Erinnerung an das καλέσουσι des Matthäus, so übermächtig geworden sei, dass der Text der LXX verdrängt wurde. Es kommt hinzu, dass wir auch in einigen Lucian-Handschr. καλέσουσιν lesen · 144. 233. 90 (in marg) (26. 106). So dürfen wir auch hier eine Textbearbeitung vermuten.

Jes. 42$_{1-4}$ (citiert bei J. D. 123^{25} 135^3) zeigt bei J. durchweg LXX-Text. Doch sind so wie der Text uns jetzt vorliegt einige Varianten aus Matthäus eingedrungen. Beiden Stellen gemeinsam ist nur eine in V. 3 λίνον τυφόμενον statt λίνον καπνιζόμενον. Die meisten derartigen Abweichungen finden sich an erstrer Stelle: V. 1) θήσω statt ἔδωκα. V. 2) οὐκ ἐρίσει οὐδὲ κράξει st. οὐ κεκράξεται οὐδὲ ἀνήσει. V. 3) οὔτε ἀκούσεταί τις (Matth. ἀκούσει) ἐν ταῖς πλατείαις τὴν φωνὴν αὐτοῦ; st.: οὐδὲ ἀκουσθήσεται ἔξω ἡ φωνὴ αὐτοῦ. V. 3) κάλαμον συντετριμμένον οὐ κατεάξει st.: κάλαμον τεθλασμένον οὐ συντρίψει. Dagegen zeigt sich im D. 135 nur noch eine Variante in der die Nachwirkung des Matthäustextes spürbar ist in der Lesart, V. 3) ἕως οὗ νῖκος ἐξοίσει. Wie sind diese Varianten in den Text gekommen? J. hat in diesen Citaten den Septuagintatext sonst fast wörtlich ausgeschrieben; in Kap. 135 durchweg und Kap. 123 wenigstens den ersten und letzten Vers. Und zwar muss er den vorliegenden Text ziemlich gedankenlos Wort für Wort nachgeschrieben haben. Denn er schreibt (V. 3 und Anfang v. V. 4) statt ἀλλὰ εἰς ἀλήθειαν ἐξοίσει κρίσιν. ἀναλάμψει —: ἀλλὰ εἰς ἀλήθειαν ἐξοίσει. κρίσιν ἀναλήμψει, was ziemlich sinnlos ist. Dabei sollte er dann doch seine Gedanken wieder so beisammen, und den Wortlaut des Matthäus so gut im Gedächtnis gehabt haben, dass die Mitte des Citates in D. 123 fast wörtlich mit Matthäus übereinstimmt. Diese Reminiscenzen wären aber schon D. 135 wieder verschwunden und dafür träte eine andre an die Stelle. Das alles ist ziemlich

---

bitur". Es ist ersichtlich, dass solche Stellen wie die unsrigen die Thätigkeit eines Textkorrektors geradezu herausforderten. Und so könnte man wie ich glaube mit gutem Recht das Rätsel, dass fast sämmtliche lateinische Kirchenväter gegen den Italatext in dieser Variante gehen, am besten durch Annahme von Korrekturen lösen.

undenkbar. So ist denn auch hier die Vermutung nicht abzuweisen, dass hier wieder Abschreiber thätig gewesen sind. Dann fände auch die Variante im D. 135 $ἕως\ οὗ\ νῖκος\ ἐξοίσει$ ihre Erklärung. Sie wäre entstanden aus dem Versuch eines Abschreibers, dem sinnlosen $ἀλλὰ\ εἰς\ ἀλήθειαν\ ἐξοίσει$ — denn so schrieb J. wahrscheinlich auch hier, wie aus dem folgenden $κρίσιν\ ἀναλήψει$ hervorgeht — mit Hülfe des Matthäustextes einigen Sinn abzugewinnen. Oder ist es etwa denkbar, dass J. in demselben Satz, wo er den LXX-Text verbotenus abschreibt, ohne viel nachzudenken über das was er schreibt, gedächtnismässig diesen Mischtext aus Matthäus und LXX hervorgezaubert haben sollte! Die übrigen Stellen, in denen J. und Matthäus sich in alttestamentlichen Citaten treffen, haben kaum etwas verwunderliches, so entspricht die freie Kombination von Jes. 35₅ f. und Matth 11₅ in I 48¹ ganz der sonstigen Citationsweise J's. Jes. 29₁₃ f. citiert J. (D. 78²⁴) nach dem LXX-Text[1]). D. 17¹⁶ ist freilich die vollständige Abhängigkeit vom synoptischen Text (Mtth. 21₁₃, Mrk. 11₁₇, Lk. 19₄₆) gesichert. Aber hier handelt es sich gar nicht mehr um ein alttestamentliches Citat, sondern um ein Herrenwort, das freilich aus zwei Stellen des alten Testaments zusammengesetzt ist.

Vielleicht eröffnet sich von hier aus eine neue Möglichkeit auch das schriftstellerische Verhältnis, das zwischen J. und Paulus obwaltet ein wenig mehr aufzuklären. Das Urteil ob sich bei J. Spuren finden lassen die eine Benutzung paulinischer Briefe beweisen, hat lange Zeit geschwankt. Es bedurfte erst des gelehrten Scharfsinns von Thoma [2]) um die Abhängigkeit J.'s von Paulus zur Evidenz zu bringen. Und derselbe J., der kaum einige dürftige Anklänge an Paulus bietet, soll nun doch mehrere alttestamentliche Citate wörtlich aus ihm entlehnt haben. Sollte nicht auch hier dieselbe Annahme einer Textüberarbeitung das Rätsel lösen?

---

[1]) Vrgl. die Lesarten des Kod. Alexandr.
[2]) Zeitschr. für wissenschaftliche Theol. 1875 S. 385 ff.

III Reg. 19,14.18	Rö. 11,2—4	LXX
J. D. 39³	ἐνυγχάνει τῷ	
Ἡλίας περὶ ὑμῶν	θεῷ κατὰ τοῦ Ἰσ-	
πρὸς τ. θεὸν ἐνυγχάνων	ραὴλ· κύριε	
οὕτως λέγει		ζηλῶν ἐζήλωκα τ.
κύριε		κυρίῳ παντοκράτορι
		ὅτι ἐγκατέλιπον τὴν διαθήκην σου
		οἱ υἱοὶ Ἰσραήλ.
τοὺς προφήτας	τοὺς προφήτας	τὰ θυσιαστήριά
σου ἀπέκτειναν	σου ἀπέκτειναν	σου καθεῖλαν κατέσκαψαν 19. 93 ed. Compl.
καὶ τὰ θυσιαστή-	τὰ θυσιαστήριά	καὶ τοὺς προφή-
ριά σου κατέ-	σου κατέσκαψαν	τας σου ἀπέκτει-
σκαψαν		ναν ἐν ῥομφαίᾳ
κἀγὼ ὑπελείφ-	κἀγὼ ὑπελείφ-	καὶ ὑπολέλειμμαι ὑπελείφθην 19. 93. 108 ed Compl.
θην μόνος καὶ	θην μόνος	ἐγὼ μονώτατος
ζητοῦσιν τὴν	καὶ ζητοῦσιν τὴν	καὶ ζητοῦσιν τὴν ψυ-
ψυχήν μου	ψυχήν μου	χήν μου λαβεῖν αὐτήν
.... ἔτι εἰσί μοι	.... κατέλιπον ἐμαυ-	18. καὶ καταλείψεις ἐν
ἑπτακισχίλιοι	τῷ ἑπτακισχιλί-	Ἰσραὴλ ἑπτὰ
ἄνδρες	ους ἄνδρας	χιλιάδας ἀνδρῶν
οἱ οὐκ ἔκαμψαν	οἵτινες οὐκ ἔκαμ-	πάντα γόνατα ἃ
γόνυ τῷ Βαάλ	ψαν γόνυ τῇ Βαάλ	οὐκ ὤκλασαν γό- ἔκαμψαν 93. 108 al.⁵
		νυ τῷ Βαὰλ τῇ 93 al.¹⁴

Es ist ja sehr gut denkbar, dass J. die eigentümliche Verwendung dieser Stelle aus dem Königsbuch von Seiten des Paulus, der hier schon das λεῖμμα κατ᾽ ἐκλογὴν χάριτος geweissagt fand, nachahmte, da er sie in seinem Zusammenhang sehr gut gebrauchen konnte. Auch die Einführung des Spruches περὶ ὑμῶν πρὸς τὸν θεὸν ἐντυγχάνων erinnert an Paulus, aber hält sich doch dem Wortlaut nach ziemlich frei von ihm. Aber die nun folgende wörtliche Übereinstimmung des justinschen mit dem paulinischen Citat ist höchst auffallend bei der sonstigen Weise, in der J. das neue Testament benutzt. Man könnte nun annehmen, dass J. bei diesem Citat gerade den Text des Römerbriefs nachgeschlagen und wörtlich ausgeschrieben habe. Ebenso wahrscheinlich aber bleibt eine textliche Bearbeitung des Citats nach Paulus. Dass eine solche anzunehmen möglich ist, zeigen auch die LXX-Varianten. Wir sehen hier, dass in nicht weniger als vier Fällen Lesarten des Paulus in den alttestamentlichen Text eingedrungen sind.

Jes. 29_{14} ist dreimal bei J. citiert. D. 32^{16} 78^{24} 123^{15}. D. 32 u. 123 hat J. κρύψω, dagegen D. 78 ἀθετήσω, dasselbe Wort, das 1. Cor. 1_{20} bietet. Da nun in derselben Stelle schon eine Variante[1]) eine Überarbeitung (nach Lucianhandschr.) vermuten lässt, so wird auch wahrscheinlich die Lesart ἀθετήσω erst aus der paulinischen Stelle eingedrungen sein. Dass J. das Stellenkomplomerat, das Paulus Rö. 3_{11-17} bringt, fast ebenso D. 27^9 aufführt, wurde bisher fast immer als Beweis für J.'s genauere Bekanntschaft mit Paulus aufgeführt. Man wird diesen Umstand nicht mehr beweiskräftig finden können, wenn man bedenkt, dass diese Stellensammlung des Paulus in weitestem Umfang in den Psalm 13 des Septuagintatextes eingedrungen ist, so dass hier eine doppelte Möglichkeit der Erklärung offen steht, dass entweder J. diesen Text schon gekannt, oder sein Text überarbeitet ist. Dasselbe ist zu urteilen über das Citat Jes. 45_{24} cf. I 52^9. Hier hat entschieden der Text des Paulus eingewirkt (Phil. 2_{11}), wir lesen jetzt πᾶσα γλῶσσα ἐξομολογήσεται statt ὀμεῖται πᾶσα γλῶσσα. Höchst unwahrscheinlich ist es, dass J. den Text des Paulus hätte so im Gedächtnis haben sollen, dass er den Wortlaut seines alttestamentlichen Citates beeinflusst hätte. Entweder las also J. schon in seinem alttestamentlichen Text[2]), so wie er citiert, oder wir haben hier wieder die Korrektur eines Abschreibers. Das scheinen mir alle Stellen zu sein, in denen man bei gemeinsamen Citaten des

---

[1]) σοφῶν αὐτῶν (D. 32. 123 σοφῶν); ebenso in den Handschr. 23. 93; αὐτοῦ haben 22. 36. 48. 51. 90. 144. 147. 308.
[2]) So lasen die Kod. A. XII 233 al.⁶ ἐξομολογήσει st. ὀμεῖται.

neuen Testaments und J.'s eine Textkorrektur des letzteren vermuten darf[1]).

§ 6. Methode und Grundsätze der Untersuchung.

Es hat sich eben in der Einleitung herausgestellt, dass die meisten Forscher sich in unsrer Frage dahin geeinigt, dass J. unsre drei Synoptiker gekannt und daneben noch eine andre unbekannte Quelle benutzt. Hier setzt meine Untersuchung ein.

Bei der Darlegung der anzuwendenden Methode haben wir uns zunächst mit der schon oben S. 26 erwähnten Arbeit Resch auseinanderzusetzen. Beurteilungen von Resch liegen vor in der historischen Zeitschrift und bei Ewald. (Die Hauptprobleme der Evangelienfrage Leipz. 1890 S. 142—146. 203—208.) In beiden Besprechungen wird darauf hingewiesen, dass Resch' methodische Art an Übereiltheiten und allzu kühnen Schlüssen leide. Völlig abzuweisen sei die Vermutung von Resch, dass ein von ihm angenommenes Evangelium schon von Paulus als $γραφή$ citiert sei. Bei seinem Nachweise, dass manche original erscheinende Aussprüche des Paulus in der patristischen Litteratur als Herrensprüche citiert seien, habe er nicht genug die Möglichkeit einer Gedächtnisverwechselung, durch die Worte des Herrn dem Paulus zugeschrieben seien, erwogen. Nicht besser stünde es um den zweiten Hauptbeweis für das Alter des von R. vermuteten Evangeliums. Die Art und Weise, wie R. jede Textvariante auf einen hebräischen Urtext zurückführe, sei wenig besonnen. Resch habe zu wenig auf die Möglichkeit geachtet, dass sich durch mündliche Tradition manche Textverbildungen festsetzen konnten, manche ausserkanonische Herrensprüche überliefert werden konnten, er habe die patristischen Citate und die Varianten der Handschr. zu sehr als baare Münze genommen. Seine Vermutung endlich, dass jenes ausserkanonische Material, das er in so umfassender Weise gesammelt, auf ein vorkanonisches Evangelium zurückzuführen sei, habe nur den Wert einer Hypothese. Und vorausgesetzt Resch habe Recht: wie sei es denkbar, dass ein solches Evangelium, wie Resch es annähme, das nicht nur eine Sammlung von Herrensprüchen, sondern ein wahres Urevangelium gewesen sein müsste[2]), das Paulus als $γραφή$ citiert,

---

[1]) Über die übrigen alttestamentlichen Citate, in denen man Berührungen J.'s mit Paulus vermuten könnte, wird weiter unten gehandelt werden.

[2]) Resch behauptet sogar, dass in dem von ihm angenommenen Evangelium ein Himmelfahrtsbericht (!) gestanden habe.

das von fast allen neutestamentlichen Schriftstellern benutzt sei, das die meisten der älteren Kirchenväter noch gekannt, so spurlos verschwunden sei! [1]).

Es ist zuzugeben, dass diese Einwendungen meistens zu Recht bestehen. Man wird aber doch dem massenhaften Material gegenüber, das R. gesammelt, das zugeben müssen, dass auf diesem Gebiet Probleme vorhanden sind. Man wird mindestens die Thatsache nicht läugnen können, dass auch Schriftstellern späterer Zeit des dritten, vierten und selbst fünften Jahrhunderts Herrenworte in schriftlicher Fixierung vorgelegen haben, die in unsern kanonischen Evangelien teils gar nicht, teils nur in sehr abweichender Form sich wiederfinden. Ob sich diese Thatsache aus der Annahme bedeutend abweichender Handschriften oder ganzer Evangelienschriften erklären lässt, ob sie auf eine oder mehrere verloren gegangene Evangelien hinweist, bleibe vorläufig dahingestellt. Jedenfalls dürfte der Versuch alles Material, das R. gesammelt, und seine weite Verbreitung aus mündlicher Tradition zu erklären, scheitern.

Man wird überhaupt mit der Annahme mündlicher Tradition vorsichtig verfahren müssen. Es fehlen hierzu im ersten und zweiten Jahrhundert der Kirche die Vorbedingungen. Man sehe die ganze neutestamentliche und vorkatholische Litteratur — mit Ausnahme etwa J.'s — an, wie wenig beeinflusst erweist sich dieselbe von synoptischen Typus, wie dünn gesäet ist da synoptisches Material [2]). Wie ganz anders wird das bei den späteren Kirchenvätern einem Tertullian Clemens oder gar Origenes. Dass durch diese Zeit hindurch sich ein umfangreiches Material von Herrenworten allein durch mündliche Tradition erhalten, ist mir undenkbar. Und auch im Laufe der Untersuchung habe ich immer wieder erfahren, dass ich auch da, wo ich geneigt war bei der Erklärung eigentümlicher Citate, den Zufälligkeiten der mündlichen Tradition etwas einzuräumen, immer wieder zur Annahme schriftlicher Fixierung der betreffenden Herrenworte zurückgedrängt wurde. Den Erklärungsgrund mündlicher Tradition kann man ja allenfalls anwenden bei einer Reihe solcher vereinzelten Logien, wie sie R. zusammengetragen. Aber unmöglich wird dieser Ausweg, wenn solche Texte, die auch in unsern Synoptikern sich finden, in bestimmt

---

[1]) Als meine Arbeit bereits der hochwürdigen Fakultät in Göttingen zur Beurteilung vorlag erschien die Recension von Jülicher in der theologischen Litteraturzeitung. Dieselbe konnte daher nicht mehr benutzt werden.

[2]) In ganz andrer Weise hat das alte Testament die Sprache der Christenheit beherrscht.

fixierter Abweichung des öfteren in den Citaten der Kischenväter begegnen. Es ist ganz undenkbar, wie sich Evangeliencitate von grösserem Umfange in eigentümlicher Abweichung von dem schriftlich fixierten Text neben diesem ohne eine schriftliche Unterlage hätten halten können[1]).

Es wird vielmehr bei der Regel sein Bewenden haben, die R. (a. a. O. S. 16 ff.) nach Holtzmann aufstellt, dass bei Abweichungen von dem Wortlaut unsrer kanonischen Texte überall da ein anderer schriftlich fixierter Text angenommen werden muss: 1) wo wir die Gewähr haben, dass ein Schriftsteller wörtlich citiert [also (a) in Kommentaren, (b) in längeren Citaten, (c) bei ausdrücklicher Angabe des Schriftstellers, dass wörtlich citiert werden soll (d) überall da, wo Nachdruck auf den Wortlaut gelegt wird — (e) da, wo der Schriftsteller sich im Wortlaut seiner Citate gleichbleibt], und besonders 2) wenn mehrere Schriftsteller im Wortlaut ihres Citats übereinstimmen[2]). Nach diesen Richtungen ist nun zunächst das nicht geringe Citatenmaterial J's zu untersuchen, und vor allem werden die Fälle zu berücksichtigen sein, in denen J. in seinen Citaten mit andern Kirchenvätern übereinstimmt, da diesen die sichersten Beweise dafür zu entnehmen, dass wir es wirklich mit eigentümlichen Textformationen zu thun haben. Hier ist nun schon von Credner und Hilfenfeld sehr stark vorgearbeitet, aber das Beweismaterial wird sich doch nach mancher Richtung hin ergänzen lassen. Es werden durchweg und methodisch die griechischen Kirchenväter bis zum Ende des vierten Jahrhunderts in die Untersuchung gezogen werden müssen. Denn bei ihnen besonders hat Resch nachgewiesen, dass sich eine ganze Menge ausserkanonischen Evangelienmaterials in ihren Citaten erhalten, und wenn wir auch von den Wegen, auf denen die Evangelienbruchstücke hierhin und dorthin verschlagen wurden, nur sehr wenige noch kennen, so muss mit Thatsachen, die vor Augen liegen gerechnet

---

[1]) Dagegen beweisen die beiden Beispiele, die Zahn (a. a. O. S. 544 Anm. 1) dafür beigebracht, dass ein schriftlich fixierter Text sich in mündlicher Überlieferung in konstanter Weise verändert, — nichts. Denn es handelt sich hier nicht um geflügelte Worte, sondern um längere Evangelienfragmente. (Vrgl. dagegen auch den S. 110 beigebrachten Grund).

[2]) In der Anwendung dieser Grundsätze auf J.'s Citate werden wir nur von den letzten beiden Fällen, höchstens noch von der unter vier angeführten Eventualität Gebrauch machen können. Denn es ist von vorneherein zuzugestehen, dass J. sein neues Testament durchweg frei citiert. Selbst längere Ausführungen, bei denen wir ein wortgetreues Abschreiben vermuten könnten, tragen den Stempel freier Ausführung an der Stirn. Um so ergiebiger werden die beiden letzten Mittel, einen fixierten Text zu konstatieren, ausgenutzt werden können.

werden. Freilich nicht alle Kirchenväter gewähren gleiche Ausbeute. Besonders verdienen diejenigen Schriftsteller Interesse und Berücksichtigung, bei denen wir noch die Kenntnis ausserkanonischer Evangelienquellen vermuten dürfen, ausser den Schriftstellern des nachapostolischen und altkatholischen Zeitalters, also Clemens Alexandrinus, Hippolyt und nach R.'s Untersuchungen die Didaskalia, der Redaktor der apostolischen Konstitutionen und der Pseudoignatianen, Epiphanius, endlich auch Origenes seiner ausgedehnten Handschriftenkenntnis wegen. Von lateinischen Kirchenvätern kommen Tertullian, Cyprian und der Interpretator des Irenaeus in Betracht. Die späteren Kirchenväter geben nur wenig Material, welches das in den verschiedenen Italakodices gebotene zu erweitern im Stande wäre. (Von diesen letzteren wird später die Rede sein.) Daher sind sie nur gelegentlich herangezogen und das aus ihnen beigebrachte macht keinen Anspruch auf Vollständigkeit [1]).

[1]) Bei der Erhebung dieses Materials musste ich mich natürlich darauf beschränken in möglichst umfassender Weise, das, was bis jetzt an Citaten aus Kirchenvätern gesammelt ist, zu verwerten. Für die apostolischen Väter wurde die Ausgabe von Gebhardt-Harnack-Zahn benutzt, für die Didache Harnacks Zusammenstellungen in seiner grösseren Ausgabe derselben (Texte und Untersuchung II H. 1 S. 70 ff.), für die Apologeten Ottos Nachweisungen im Corpus Apologetarum. Für Tatian benutzte ich die Rekonstruktion von Zahn und die Übersetzung der Homilien des Aphrahat von Bert (Texte u. Unters. III), für die Klementinischen Homilien die Sammlungen bei Credner a. a. O. S. 284 ff., bei Hilgenfeld a. a. O. S. 321 ff., und die Stellensammlung Lagardes in seiner Ausgabe. Für die Rekognitionen die Nachweise bei Credner S. 416 ff. (Auch die Epitomae in der Ausgabe von Dressel wurden herangezogen). Für die ausserkanonischen Evangelienfragmente wurde Hilgenfelds Novum Testamentum extra canonem receptum zu Rate gezogen. Das wenige, was aus den Fragmenten häretischer Schriften (zusammengestellt b. Hilgenfeld Ketzergeschichte des Urchristentums) und aus den apokryphen Evangelien und Apostelgeschichten zu finden war, wurde in den betreffenden Sammlungen nachgeschlagen (Angers. Synopse blieb mir unerreichbar). Von nun an werden die Sammlungen, auf die wir uns verlassen müssen, unsicherer. Für Clemens konnte Griesbach Symbolae criticae benutzt werden, ferner die Stellennachweise bei Migne und Dindorf. (Die Stellensammlung bei Dindorf ist höchst nachlässig gearbeitet. Der Kompilator, der sie zusammengestellt, führt unter andern durch Druckfehler verleitet Matth. 5. 66 (!) und ein Cap. 32!! an.) Für Origenes konnte ebenfalls Griesbach, dann die Sammlungen bei Migne und Lommatzsch benutzt werden, für Hippolyt die Stellennachweise in de Lagardes Ausgabe, für die Philosophumena stand mir nur Migne (Origen. T. VI.) zur Verfügung. Für die apostolischen Konstitutionen konnte ich wieder Lagardes Ausgabe benutzen, für die Pseudoignatianen Zahns Ausgabe. Für die späteren griechischen Kirchenväter war ich auf die Stellensammlungen bei Migne angewiesen. Für Tertullian stand mir die treffliche Arbeit

Hätten wir dann auf diese Weise an mehreren Stellen einen eigentümlichen Text in den Evangeliencitaten J.'s konstatiert, von dem wir annehmen mussten, dass er J. schon in schriftlicher Fixierung vorgelegen, so stehen wir zunächst vor einem unübersehbaren Felde von Möglichkeiten und Vermutungen, und es scheint unmöglich zu sein, zu irgend einer bestimmten Ansicht über jene Bruchstücke zu kommen. Die nächstliegende Vermutung bleibt immer die — das heben Ewald und Zahn mit Recht hervor und Resch hat wohl diese Eventualität zu wenig berücksichtigt — dass wir hier nicht etwa andere Evangelien, sondern nur einen vorkanonischen Text unsrer Evangelien [1]) vor uns haben. Giebt es nun hier bestimmte Regeln, nach denen entschieden werden kann, wann dieser Rekurs gestattet ist und wann nicht? Da ist zunächst hervorzuheben, dass wir den vorkanonischen Vulgärtext, wie er im zweiten Jahrhundert gelesen wurde, ungefähr kennen. Er liegt noch vor uns in dem von Westcott-Hort sogenannten western text [2]), d. h. in der Klasse von Handschr., die hauptsächlich besteht aus dem Kod. D., den altlateinischen und den syrischen Versionen. Diese Texte nun geben uns ein ziemlich getreues Bild von der Gestaltung des Textes des neuen Testaments im zweiten Jahrhundert [3]). Er zeigt ein ungemeines Mass von Willkürlichkeit, eine grosse

---

von Rönsch, das neue Testament Tertullians, zur Verfügung, für Iranaeus die Ausgabe von Harvey, für Cyprian die Ausgabe von Hartel. Für die späteren Kirchenväter wurden die Angaben, die sich in der Wiener Ausgabe und (wo diese nicht reicht) diejenigen die sich bei Migne finden, benutzt. Ausserdem wurde das von Tischendorf — oft sehr nachlässig und unbrauchbar — aufgehäufte Material (editio Octava major) herangezogen. Auch die Sammlungen, die Resch mit so grossem Fleiss und bewundernswerter Umsicht gemacht, konnten häufig benutzt werden.

Nachtrag: Das bei Migne genommene Stellenmaterial wurde in den Originalausgaben verglichen; wo mir diese augenblicklich nicht zur Verfügung standen, ist dies angegeben.

[1]) Es ist also auch das Variantenmaterial der Kodices des Neuen Testaments in möglichst umfassender Weise heranzuziehen. Vor allem konnte hier Tischendorfs octava major, ferner die grossen textkritischen Werke von Westcott-Hort und Scrivener herangezogen werden. Den Cod. D. habe ich in der Ausgabe von Kipling Cambr. 1793 benutzt. Für die Italakodices stand mir Sabatier nicht zur Verfügung, dagegen wurde Blanchinus Evangebarium quadrupflex Rom 1749 benutzt, die übrigen Kodices, soweit sie mir in den Originalausgaben zugänglich, dort verglichen. Tischendorfs Material ist nicht ganz zuverlässig. Den wichtigen Syrus Curetonianus benutzte ich in der Rückübersetzung von Baethgen (Leipz. 1885).

[2]) Über diesen s. Westcott-Hort Introduction § 170—176. 202.

[3]) S. Westcott-Hort a. a. O.

Menge von Zusätzen, Kürzungen, Weglassungen, Ausgleichungen der Synoptiker unter einander u. s. w. Will man nun einen vorkanonischen Text als Erklärungsgrund, der das Rätsel einer weitgehenden Übereinstimmung der patristischen Citate in Abweichungen von unserm kanonischen Text lösen soll, gebrauchen, so hat man eben auf diesen ganz bestimmten vorkanonischen Text zu rekurrieren. Denn nur er leistet das, was man verlangt, er würde erklären, wie es möglich sei, dass zwei dem Raum und der Zeit nach von einander entfernte Kirchenväter in den Eigentümlichkeiten ihrer Schriftcitation übereinstimmen könnten. Von einer Lesart besondrer Art, die innerhalb dieses Überlieferungskreises uns nicht überliefert ist, können wir von vornherein vermuten, dass sie sich keiner sehr weiten Verbreitung erfreut hat.

Ja es lässt sich noch mehr sagen: Der western text zeigt uns wahrscheinlich den Text des Neuen Testaments in seiner grössten Verwilderung. Wir haben an ihm also einen ungefähren Massstab — der natürlich nicht in allen einzelnen Fällen entscheidet — wie stark wir uns die etwa noch möglichen Abweichungen bei einem vorkanonischen Text zu denken haben. Es liesse sich z. B. von hier aus behaupten, dass es unmöglich ist alle Besonderheiten und Eigentümlichkeiten der Justinschen Citate einem vorkanonischen Text zuzuschreiben. Denn das würde uns den neutestamentlichen Text in einer Verwilderung zeigen, in der er nie gewesen ist.

Dagegen ist auch nicht einzuwenden, dass der sogenannte western text auch schon durch kirchliche Redaktion entstanden — nur so erkläre sich seine weite Verbreitung — und daher manche Texteigentümlichkeiten schon durch ihn beseitigt seien. Mag immerhin eine solche kirchliche Thätigkeit vorhanden gewesen sein, jedenfalls ist sie nicht von dem Bestreben ausgegangen, der Verwilderung des Textes zu steuern und etwa einen ursprünglicheren Text wiederherzustellen. Diese Vermutung wird befestigt durch folgende Beobachtung. Es ist beobachtet, dass innerhalb des western text sich verschiedene Stufen konstatieren lassen. Nun aber zeigt sich, dass die erste Stufe seiner Entwickelung, die wir konstatieren können, und die repräsentiert wird [1]) durch die Italakodices e und k auf der einen, den Kuretonschen Syrer auf der andern Seite, eine Annäherung [2])

---

[1]) Vrgl. Baethgen, Evangelienfragmente des Kureton'schen Syrers. S. 80.
[2]) Vergleiche z. B. die Textverhältnisse in Mtth. 5_{44}. Dasselbe Phänomen zeigt sich öfter. Eine genauere Untersuchung kann hier nicht gegeben werden, da die vorliegende Untersuchung von der Richtigkeit dieser Vermutung nicht abhängt.

an den Text unserer besten Majuskeln aufweist gegenüber den übrigen Gliedern der Familie. Dagegen zeigt der Kod. D. in den Varianten, die er allein hat, die Stufe der grössten Verwilderung. Damit ist erwiesen, dass der western text in einer Zeit entstand, in der die neutestamentliche Textentwickelung sich noch in einer Richtung bewegte, die von einer verhältnismässigen Reinheit des Textes zu immer grösserer Verwilderung führte. Der Schluss also: „weil wir am Ende des zweiten Jahrhunderts den Text in grösster Verwilderung sehen, so können wir in der Zeit vorher auf eine noch grössere Entstellung rechnen", — dürfte ein falscher sein. Ob diese letzten Ausführungen aber zu Recht bestehen oder nicht — so viel ist jedenfalls sicher: Wenn wir rätselhafte Übereinstimmung von Citaten bei den Kirchenvätern durch Annahme eines vorkanonischen Textes erklären wollen, so dürfen wir nicht mit einer beliebigen Phantasie eines vorkanonischen Textes operieren, sondern dieser liegt leibhaftig vor uns in der Familie des western text.

Aber wir können noch weiter gehen. Gesetzt wir fänden nun bei J. Abweichungen, die sich mit der Textfamilie berühren, deren Oberhaupt Kod. D. ist, so dürfte dennoch die Vermutung nicht von vorneherein abzuweisen sein, dass J. eine besondere Evangelienquelle benutzt habe. Mit den Textvarianten dieser Handschr.-Familie hat es eine besondre Bewandnis. Schon Credner a. a. O. S. 452 ff. hat vermutet, dass die Varianten des Kod. D. und seiner Trabanten teilweise daraus entstanden, dass einem Abschreiber des Archetypus dieser Klasse noch eine besondre Evangelienquelle zu Gebote gestanden und dass er nach dieser unsre Synoptiker korrigiert. Auch Resch [1]) hat diese Vermutung übernommen in der Form, dass er annimmt, dass der Schreiber des Archetypus des Kod. D. unsre Synoptiker, die er ja nachweislich unter einander harmonisiere, auch wiederum nach jener unbekannten Quelle harmonisiert habe [2]). Gesetzt diese Ansicht wäre richtig, so erhöbe sich doch nun eine neue Schwierigkeit. Wie sollen wir entscheiden, ob im einzelnen Fall J. nur als Zeuge für Lesarten des western text eintritt, oder ob seine Übereinstimmungen mit diesem daher rühren, dass J. aus derselben Evangelienquelle schöpft, aus der auch die bemerkenswerten Varianten des Kod. D. und seiner Anhänger geflossen? Vielleicht liesse sich hier doch eine Regel aufstellen: Wo J. in

---

[1]) S. den überzeugenden Nachweis bei Resch S. 30 ff. und an vielen Orten seiner Schrift.
[2]) Ich setze diese Ansicht hier zunächst voraus, und hoffe, dass sich auch im Laufe dieser Untersuchung einige Beweise für sie ergeben werden.

sicher festgestellten eigentümlichen Lesarten sich so mit Kod. D. berührt, dass er doch in seinen Eigentümlichkeiten über diesen hinausgeht, da ist anzunehmen, dass J. aus einer Sonderquelle schöpft, aus der Varianten in den Kodex D. eingedrungen sind.

Wären wir nun so dahin geführt, dass wir bei einer Anzahl Evangeliencitate J.'s mit überwiegender Wahrscheinlichkeit annehmen könnten, dass sie aus einer besonderen Evangelienquelle geflossen seien, so stehen wir zum zweiten Male wie es scheint vor einem ungeheuren Gebiet leerer Möglichkeiten. Was für eine Quelle oder was für Quellen waren das, die J. benutzte? wo ist ihre Stelle in der Entwickelung evangelischer Geschichte überhaupt? Gegenüber diesen Fragen kann uns nur die innere Kritik weiter helfen. Erinnern wir uns zunächst an das, was R.[1]) betont: Aus innern Gründen können wir in den meisten Fällen, namentlich da, wo wir eine Reihe von Evangelienfragmenten zur Verfügung haben, so dass ein Gesammtüberblick gestattet ist, mit einiger Sicherheit entscheiden, ob wir hier synoptisches, d. h. relativ ursprüngliches, echtes Evangelienmaterial vor Augen haben, oder sekundär-apokryph-häretisches. Es soll gerne zugestanden werden — wir werden im Laufe der Arbeit selbst auf eine Reihe dahinführender Beobachtungen stossen —, dass auch bei unsern Synoptikern die Thatsachen und die Reden des Herrn durch gewisse Tendenzen, die mit ihrer Darstellung sich verbanden, eine leichte Färbung erhalten haben. Aber das wird ein unbefangen Urtheilender, der die bei Hilgenfeld zusammengestellten Fragmente der häretischen Evangelienschriften überblickt, doch zugeben müssen, dass hier im grossen und ganzen die Herrenworte viel stärker entstellt sind, als in unsern kanonischen Evangelien. Es ist ja auch nur natürlich, dass die grosse Kirche die Evangelienschriften viel besser überliefern konnte, als die Sekten und Schulgemeinden, in denen jedem willkürlichen Einfall eines einzelnen Thür und Thor geöffnet sind [2]).

Es ist ferner darauf zu achten, auf welchem Gebiet der evangelischen Geschichte J. eingentümliches Evangelienmaterial bietet, ob auf dem Gebiet der Vorgeschichte Jesu und auf dem der Auferstehungsberichte, oder auf dem dazwischen liegenden

---

[1]) A. a. O. S. 8 ff.
[2]) Bei den Fragmenten des Hebräerevangeliums dürfte dies Urteil am meisten bestritten werden. Aber Stellen wie der — fast möchte ich sagen — modernisierende Taufbericht, Worte wie: Meine Mutter, der heilige Geist, ergriff mich an einem Haare etc., der Bericht, dass der Bruder des Herrn am Abendmahl teilgenommen, und dass der Herr ihm zuerst erschienen, tragen doch den Stempel ihres Ursprungs allzudeutlich an der Stirne.

eigentlich synoptischen Gebiet; für die ersteren Gebiete gilt das oben gesagte nicht, hier ist der Unterschied zwischen primären und sekundären Berichten ein fliessender, denn gerade hier sind die Berichte unsrer Evangelien einerseits erst später schriftlich fixiert, — das beweisen die grossen Abweichungen der Synoptiker unter einander — so dass die mündliche Tradition hier freier und ungebundener, nicht schon in ein bestimmtes traditionelles Bett eingeengt war, — andrerseits hat sich die sagenbildende Phantasie von vorneherein gerade dieser Gebiete bemächtigt; wir sehen das aus den gnostischen Evangelien, mit denen die Christenheit im zweiten Jahrhundert überschwemmt war. Bringt J. also hier eigentümliche Nachrichten, so haben sie für uns dennoch keinen Wert, weder kanongeschichtlich, denn es liesse sich denken, dass J. manche Nachrichten aus jenen kleineren Erzählungen, namentlich von der Kindheit des Herrn, geschöpft, ohne dass er sie gerade zu seinen Apomnemoneumata gezählt, noch evangelienkritisch, denn unter keinen Umständen werden wir den Ort und den Wert dieser Fragmente genauer feststellen können.

Wir lassen also dieses ganze Gebiet bei Seite und richten unsern Blick nur auf das etwa sich vorfindende eigentümliche Evangelienmaterial J.'s, das zu dem eigentlichen Gebiet der synoptischen Geschichtserzählung gehört.

Fänden wir nun eine Reihe von Evangelienfragmenten, die allen bisher gestellten Anforderungen entsprächen, so haben sich uns die zuerst unbegrenzt erscheinenden Möglichkeiten wesentlich eingeengt. Schriften, die ein unsern Synoptikern dem Grundtypus nach verwandtes Material brächten, hat es jedenfalls nicht sehr viele gegeben [1]).

So können wir hoffen noch weiter zu kommen, wenn wir versuchten, die etwa so gefundenen Evangelienfragmente in der Stellung zu unsern Synoptikern näher zu bestimmen. Dazu wird es nötig, in den synoptischen Problemen selbst Stellung zu nehmen. Ich schliesse mich hier der von den bei weitem zahlreichsten Forschern auf diesem Gebiete vertretenen Anschauung an, dass die Berichte, die unsre Synoptiker bieten, aus wesentlich zwei Quellen zusammengeflossen sind, einer Quelle, der wir das Geschichtsbild des Lebens Jesu verdanken, die uns vor-

---

[1]) Die des öftern ausgesprochene Vermutung, dass wir es hier mit einer Evangelienharmonie zu thun haben, ist vollkommen willkürlich; wir kennen ausser der Evangelienharmonie Tatians keine solche, die im zweiten Jahrhundert gebraucht wäre. Und wir dürfen nicht vergessen, dass wir zur Erklärung der hier vorliegenden Probleme eine Schrift nötig haben werden, von der wir wenigstens einigen Grund haben anzunehmen, dass sie weiter verbreitet war.

wiegend im Markus erhalten ist, und einer Redesammlung, die die Reden des Herrn in einer gewissen sachlichen Ordnung enthielt und daneben einiges einleitende historische Material, das wir uns aber so dürftig vorzustellen haben, dass es erklärbar bleibt, wie die Markuserzählung allein die die Geschichtsschreibung des Lebens Jesu beherrschende Quelle bleiben konnte. Dazu ist noch folgendes zu bemerken. 1) Es ist mir wahrscheinlich, dass wir die Urgestalt des Markus nicht mehr vor uns haben, 2) es ist ebenfalls wahrscheinlich, dass „Lukas" bei seiner mehr kompilatorischen Zusammenarbeitung von Quellen ausser Markus und den Logien auch unsern jetzigen Matthäus schon gekannt, 3) als sicher nehme ich an, dass „Matthäus" und zwar überwiegend in seinen Redebestandteilen eine judaistische Färbung erhalten hat. — Wird es gelingen den Justinschen Evangelienfragmenten innerhalb dieses Schriftenkreises ihre Stellung anzuweisen? [1]).

Nur in einem Falle dürften wir hoffen weiter zu kommen: Wenn es gelänge nachzuweisen, dass J. nicht nur ausserkanonische, sondern vorkanonische Evangelientradition brächte, Textgestaltungen, die sich als ursprünglicher gegenüber unsrer synoptischen Tradition erwiesen. Dann dürfte in der That die Vermutung nicht ganz abzuweisen sein, dass wir hier auf jene vorkanonische Sammlung von Herrenworten gestossen wären, auf die die Kritik im Laufe ihrer vielverschlungenen Wege als auf eine Hauptquelle unsrer Evangelien mit immer grösserer Bestimmtheit hingewiesen wurde. — Sollte letzteres nicht gelingen, so hoffe ich doch, dass die vorliegende Untersuchung erweisen wird, dass in J.'s Evangeliencitaten uns ein Material vorliegt, das auch bei Fragen, die die Evangelienkritik betreffen, Beachtung verdient.

Wir stellen uns bei der nun zu unternehmenden Untersuchung auf einen möglichst unparteiischen Standpunkt und nehmen von vornehrein an, dass unsre Synoptiker J. bekannt waren, so dass nur etwaige starke Gegengründe uns vom Gegenteil überzeugen könnten. Daneben aber nehme ich nach den vorhergegangenen Untersuchungen mir das Recht, die Möglichkeit offen zu lassen, dass J.'s Evangelienkanon nicht so abgeschlossen war, dass er nicht unter den Apomnemoneumata neben unsern Synoptikern noch eine oder mehrere ausserkanonische Quellen hätte benutzen können.

---

[1]) Es mag hier im Voraus darauf hingewiesen werden, dass wir es bei J. hauptsächlich oder ausschliesslich mit Herrenreden zu thun haben. Es kommt also nur die eine Seite der Überlieferung in Betracht.

Anhang. Über das Judenchristentum des Kod. D. Ich muss hier noch eine scheinbar nicht zur Sache gehörige Untersuchung einschieben, deren Notwendigkeit aus dem Folgenden klar werden wird. Die Vermutung, dass die Eigentümlichkeiten des Kod. D. der Redaktion des Archetypus desselben durch einen Judenchristen zu verdanken seien, ist zuerst von Credner aufgestellt und von Resch einfach übernommen. Credner begründete seine Vermutung durch folgende Beobachtungen.

1) Im Kodex D. finden wir einen judenchristlichen Kanon zusammengestellt, wir finden in demselben die vier Evangelien und die Apostelgeschichte, dazwischen ein Fragment des 3. Johannesbriefs. Es sei zu vermuten, dass hier die katholischen Briefe ausgefallen. So hätten wir also einen Kanon, in dem die paulinischen Briefe fehlten. — Die Idee eines solchen judenchristlichen Kanons ist eine abenteuerliche. Judenchristen, die in so weitem Umfange den Kanon der katholischen Kirche acceptierten, kann man zum mindesten nicht nachweisen. Auch schon die Textkritik erweist die Unhaltbarkeit dieser Idee. Sie zeigt uns, dass der Kod. D. nur ein Glied einer grossen Textfamilie war, die im Osten wie im Westen der Kirche gebraucht wurde. Die katholische Kirche aber hat sich keines judenchristlichen Kanons bedient. Ferner ist überhaupt anzunehmen, dass es ganz verschiedene Zeiten gewesen sind, in denen die Texteigentümlichkeiten des Kod. D. entstanden, und in denen die einzelnen Bücher, die wir bei ihm finden, in einen Kodex gesammelt wurden. Endlich erklärt sich die Beobachtung Credners auf viel einfachere Weise. Evangelien und Apostelgeschichte finden sich vielfach handschriftlich zusammen überliefert. Dazwischen standen wahrscheinlich nur die Johannesbriefe vielleicht als Anhang zum Johannesevangelium, wenn auch nicht in seiner unmittelbaren Nähe.

2) Credner macht darauf aufmerksam, dass da, wo in unsern Evangelien aramäische Worte citiert, der Redaktor des Kod. D. in seinen Änderungen hebräische Kenntnisse zeige (s. Mt. 27$_{46}$, Mrk. 15$_{34}$, Mrk. 5$_{41}$, Mrk. 7$_{34}$. 10$_{46}$). Diese Beobachtung kann nicht unbedingt für einen Judenchristen beweisend sein. Sie lässt nur vermuten, dass jene Veränderungen sehr früh vorgenommen wurden, wie denn dieselbe auch in die syrischen und altlateinischen Texte sämmtlich übergegangen sind.

3) Credner macht darauf aufmerksam, dass am Rande des Kod. Lesestücke für den Sabbat verzeichnet waren. Auch diese Beobachtung löst sich sehr einfach auf: Als das Judenchristentum noch eine Rolle spielte gab es keine $\dot{\alpha}\nu\alpha\gamma\nu\dot{\omega}\sigma\mu\alpha\tau\alpha$, und als es $\dot{\alpha}\nu\alpha\gamma\nu\dot{\omega}\sigma\mu\alpha\tau\alpha$ für den Sabbat gab, gab es keine Judenchristen mehr, die einen dem der katholischen Kirche verwandten Kanon gehabt hätten. Über die Einführung der gottesdienst-

lichen Feier des Sabbat äussert sich Zahn (Gesch. des Sonntags in der alten Kirche Hannover 1878. S. 71—73): „Das förmliche Verbot des Fastens am Sabbat tritt gleichzeitig mit der gesetzlichen Einführung gottesdienstlicher Feier des Sabbats in der kanonistischen und bald auch der sonstigen Litteratur der Griechen auf und zwar mit einem Schlage. Der nachkonstantinische Ursprung dieser Einrichtung ergiebt sich schon daraus, dass die Stellen der apostolischen Konstitutionen, wo die gottesdienstliche Sabbatfeier neben der Sonntagsfeier empfohlen wird, nachweislich Interpolationen sind (Const. II 59, p. 90_{22})[1]).

So fehlt der Vermutung Credners, dass der Kod. D. judenchristlichen Händen die Entstehung seiner Eigentümlichkeiten verdanke, jede Begründung.

Wir können nunmehr in die eigentliche Untersuchung eintreten. Da die Evangeliencitate J.'s in vollständiger Weise von Credner [2]) und Hilgenfeld [3]) gesammelt, so habe ich sie nicht noch einmal hierher gesetzt, sondern beginne sofort die Untersuchung.

§ 7. Die Evangeliencitate Justins.

Der Taufbericht.

Resch. Logia Agrapha S. 346 ff. Usener. Religionsgeschichtliche Untersuchung I. Teil. S. 40 ff.

Die Perikope von der Taufe Jesu findet sich in umfangreicher Weise wiedergegeben bei J. D. 88, Bruchstücke derselben D. 103^{19}, D. 49^{10} (D. 51^2)[4]).

An zwei Stellen finden wir hier den Wortlaut der Stimme, die bei der Taufe vom Himmel erschollen, in der bemerkenswerten Abweichung von unsern synoptischen Evangelien:

D. 88^{21}. φωνὴ ἐκ τῶν οὐρανῶν ἅμα ἐληλύθει .... υἱός μου εἶ σύ, ἐγὼ σήμερον γεγέννηκά σε.

D. 103^{19}. τῆς φωνῆς αὐτῷ λεχθείσης· υἱός μου εἶ σὺ ἐγὼ σήμερον γεγέννηκά σε.

Der Wortlaut dieser Stelle ist durch seine doppelte Bezeugung geschützt, wie auch durch die Ausführung, die J. von dieser Stelle D. 88 giebt (φωνὴ) ἥτις καὶ διὰ Δαβὶδ λεγομένη ὡς ἀπὸ προσώπου αὐτοῦ (sc. Χριστοῦ s. Otto zu dieser Stelle

---

[1]) S. auch die Nachricht, dass bestimmte kirchliche Lesestücke in späterer Zeit für den Sabbat verordnet waren bei Zahn S. 73.
[2]) A. a. O. S. 151—206.
[3]) A. a. O. S. 101—127.
[4]) S. d. Zusammenstellungen bei Credner und Hilgenfeld a. a. O.

Anm. 22) λέγοντος ὅπερ αὐτῷ ἀπὸ τοῦ πατρὸς ἔμελλε λέγεσθαι. Eine Wolke von Zeugen für den oben angeführten Text der Taufstimme hat H. Usener a. a. O. S. 41 ff. gesammelt. Resch (a. a. O. S. 346 ff.) hat die Reihe wiederum um zwei Zeugen vermehrt (s. Nr. e. u. h.). Ich kann noch ein Citat beifügen. Tychonius (liber de septem regulis Migne B. XVIII. S. 19): ille cui secundum Lukam dicit in baptismo, filius meus es tu ego hodie genui te. Der Wortlaut der Taufstimme ist bei allen angeführten Stellen fast derselbe. Nur Clemens Alexandrinus hat einen Mischtext υἱός μου εἶ σὺ ἀγαπητός. In Kod. D. fehlt das ἐγώ (doch nicht in den Italakodices) und einige lateinische Zeugen haben tu es filius meus (statt filius meus es tu). Von griechischen Kirchenvätern bieten die Stelle in demselben Wortlaut ausser J. der Verfasser des Briefes an Diognet, Clemens Al., Methodius, die Didaskalia, die apostolischen Konstitutionen, die Akta Petri und Pauli [1]). Hinzu tritt (teilweise) das Ebionitenevangelium, der Kod. D., der diese Fassung der Taufstimme im Lukastext bietet, mit einigen seiner Trabanten den Italakodices Vercell. (a), Veron (b), Colbert (c), Corbej. (ff. [2]) Rhedigeranus (l). Den Wert selbständiger Überlieferung haben daneben kaum die Kirchenväter der lateinischen Kirche, die diesen Text bieten. Von ihnen allen ist anzunehmen, dass sie ihr Citat aus den Handschr. und zwar aus dem Lukasevangelium geschöpft haben. Es sind Lactantius, Hilarius (viermal, doch ist de trinitate VI 23 u. 27, Tractatus in Ps. 138$_6$, nach Matth. 3$_{17}$ citiert), Juvencus, Faustus, Augustin. — Faustus (apud Augustin. contra Faustum XXIII 2) unterscheidet das Lukascitat ausdrücklich von einer zweiten Form desselben. Und Augustin (de consensu evangelistarum II 14 $_{31}$) schreibt illud vero, quod nonulli codices habent secundum Lukam. Vergleicht man damit das oben beigebrachte Citat des Tychonius aus einer etwas früheren Zeit, so sehen wir, dass mit dem vierten Jahrhundert die Lesart allmählich auszusterben begann.

Das Gewicht dieser Überlieferung — man kann sagen, dass der Text in diesem Wortlaut von fast der ganzen Reihe der älteren Kirchenväter bezeugt wird, da Tertullian und Cyprian die Stelle überhaupt nicht citieren — hat Resch nun abzuschwächen versucht. Er fasst sein Urteil zusammen: „Thatsächlich schrumpft also die grösste Zahl der griechischen und lateinischen Parallelcitate beinahe auf einen einzigen Hauptzeugen zusammen, welcher in einem Archetypus des Kod. D. zu erkennen ist. Ja es hat nur eine Seitenlinie, nicht aber die gesammte Textfamilie, welche durch Westcott-Hort als western

---

[1]) Origenes nur in lateinischer Übersetzung Hom. in Ezech. VI 3.

text gekenntzeichnet ist, die Lesart aus Ps. 2_7 vertreten". Was R. zu jenem erstren Urteile angesichts des Zeugnisses von Clemens Al., Justin, der Didaskalia und den Konstitutionen veranlasst, ist mir unerklärbar. Aber auch die Vermutung R.'s, dass wir es hier nur mit einer Seitenlinie der grossen Textfamilie zu thun haben, ist nicht erweisbar. R. führt zum Erweise seiner Vermutung aus, dass eine Reihe von Italakodices hier vom Kod. D. abweichen, der Kod. Palatinus (e), Brixianus (f), Corbej. ff.[1], Claromontanus (h), Bobbiensis (k), Sangermanenses g^1 g^2. Aber k hat die Stelle überhaupt nicht, h hat nur im Matthäusevangelium einen Italatext [1]), sonst Vulgatatext, auch g^1 und g^2 zeigen schon Vulgatatext, f zeigt den Zustand der Kodices zur Zeit Augustins und wir sehen, dass damals schon unser Text im Verschwinden begriffen war. Es bleibt als alter und wertvoller Zeuge e, jedoch ist dieser an mehreren Stellen der Korrektur verdächtig und leider fehlt uns hier jegliches Mittel, um seine Lesarten zu kontrolieren, da Tertullian und der Curetonsche Syrer an dieser Stelle fehlen. Bedenklicher steht die Bezeugung unsrer Lesart in der syrischen Seitenfamilie des western text. Weder Tatian noch die Peschithô haben die Lesart, und Syr. Cu. fehlt. Doch lässt sich nun allerdings die Evangelienharmonie Tatians als Beweis in dieser Hinsicht nicht verwerten. Es bliebe also sehr wohl möglich, dass Syr. Cu. in der Lukasstelle mit D. gelesen [2]). Es lässt sich also zum mindesten die Vermutung nicht widerlegen, dass wir in dieser Lesart auf eine jener merkwürdigen Textüberlieferungen gestossen, die schon am Ende des zweiten Jahrhunderts im Osten und Westen der Kirche verbreitet waren, und die den Grundstock der Eigentümlichkeiten des western text bilden. Aber die Annahme, dass unsre Lesart in dieser Textfamilie verbreitet war, genügt alleine noch nicht, um ihre so weite Verbreitung unter den frühesten griechischen Kirchenvätern zu erklären. Ob wir aber mit Usener demgemäss anzunehmen haben, dass wir in diesem Text die ursprüngliche Lesart des Lukas besitzen oder ob wir ein Fragment eines fremden Evangeliums vor uns haben, ist noch nicht auszumachen. Auch würde die Entscheidung in dieser Frage uns wenig weiter helfen bei unsrer Frage, woher J. seine eigentümlichen Textgestaltungen habe. Denn wie sich auch jene

---

[1]) Belsheim, d. Apostelgesch. u. d. Offenb. Joh. in einer altlateinischen Übersetzung (Christiania 1879, S. XIV,) vergl. auch Westcott-Hort a. a. O.

[2]) Auch im Parallelbericht des Matthäus liest Syr. Cu. mit D. gegen Tatian, Peschithô und k (dem Verwandten e's, der hier ehlt:) σὺ εἶ statt οὗτός ἐστιν.

erstre Frage entscheiden möge, es liesse sich kein Grund denken, weshalb J. nicht in seiner Lesart schon der von Kod. D. und seinen Trabanten überlieferten Textgestaltung hätte folgen können.
II. Eine zweite Eigentümlichkeit im Taufbericht bietet uns J., die allerdings nicht von einer so grossen Reihe von Zeugen gestützt wird:

D. 88⁸ *κατελϑόντος τοῦ Ἰησοῦ ἐπὶ τὸ ὕδωρ καὶ πῦρ ἀνήφϑη ἐν τῷ Ἰορδάνῃ*.
Dieser Zusatz wird bestätigt (Usener a. a. O. 62 ff., Resch a. a. O. 357 f.) innerhalb der lateinischen Kirche durch die Kodices a g[1] durch den Auktor (Pseudocyprian) de rebaptismate (bei Hartel III 90), der diesen Zusatz[1]) in der Praedicatio Petri und Pauli fand, wo ihn Hilgenfeld (Nov. Test. extr. can. rec. S. 66) und Resch a. a. O. auf das Hebräerevang. zurückführen; auf dem Gebiet der syrischen Kirche durch Tatian und Ephraem (Hymne I u. IV bei de Lamy) und durch eine spätere Taufliturgie (Severi Alexandrini de ritibus baptismi liber ed. G. Fabricius Antwerpen 1572), — endlich durch das Evangelium der Ebioniten und die Oracula Sibyllina I 183. Wir finden also auch hier einen alten weitverbreiteten Text, dessen Spuren wir in der griechisch, lateinisch und syrisch redenden Kirche verfolgen können, dessen Überlieferung im wesentlichen übereinstimmend ist (Justin allein hat *ἐν τῷ Ἰορδάνῃ*, während die übrigen Texte super aquas, de aqua, über die Welt, über die Erde haben). Doch ist eine bemerkenswerte Variante zu verzeichnen. J. Italakodices a u. g[1] Tatian (Ps. Cyprian?) erzählen, dass zunächst (J. sogar noch deutlicher „als Jesus zum Wasser hinabstieg") der Lichtglanz erstrahlt sei, und darauf der heilige Geist in Gestalt einer Taube auf Jesum herabgefahren sei, während die späteren Quellen das Evangelium der Ebioniten, Ephraem, die severianische Taufliturgie in umgekehrter Reihenfolge berichten. Dabei haben die späteren Quellen die Vorstellung, dass von Jesu Person aus das Feuer ausgestrahlt sei, während die früheren Quellen sich offenbar das Feuer als Begleiterscheinung des heiligen Geistes denken, so wie die Apostelgeschichte erzählt: Und es erschienen Feuerzungen — und sie wurden alle voll heiligen Geistes ²). — Diese Umstellung zeigt aber nebenbei, dass wahrscheinlich die Erzählung von der Feuerscheinung bei unsern Synoptikern keine Heimatberechtigung und daher keine feste Stellung besessen. Da der Zusatz im Kod. D. sich nicht findet, ebensowenig im Syr. Cu. und in der über-

---

¹) Er bemerkt dabei: quod in evangelio nullo scriptum.
²) Diese Bemerkungen sind gegen Usener gerichtet, dessen Kombinationen (a. a. O. S. 62 ff.) damit hinfällig werden.

wiegenden Mehrzahl von Italahandschr., so kann man hier mit grösserem Recht als vorher von einer Überlieferung nur durch einen Seitenzweig jener grossen Textfamilie reden. — Aber wieder erhebt sich hier die Frage: Wenn jener Bericht von der Lichterscheinung später eingeschoben sein sollte, woher stammt derselbe, welchen Wert hat die Quelle, auf den er zurückzuführen, und welche Stellung nimmt J. innerhalb der Textüberlieferung ein. Denn auch hier lässt sich nicht von vornherein leugnen, dass J. diesen Bericht nicht habe handschriftlich etwa in unserm Matthäusevangelium vorfinden können. Eine Andeutung zur Lösung dieser Frage hat man in eben dieser Stelle finden wollen. Sie lautet ihrem ganzen Umfange nach:

D. 88⁸ *καὶ τότε ἐλθόντος τοῦ Ἰησοῦ ἐπὶ τὸν Ἰορδάνην ποταμὸν, ἔνθα ὁ Ἰωάννης ἐβάπτιζε, κατελθόντος τοῦ Ἰησοῦ ἐπὶ τὸ ὕδωρ καὶ πῦρ ἀνήφθη ἐν τῷ Ἰορδάνῃ καὶ ἀναδύντος αὐτοῦ ἀπὸ τοῦ ὕδατος ὡς περιστερὰν τὸ ἅγιον πνεῦμα ἐπιπτῆναι ἐπ' αὐτὸν ἔγραψαν οἱ ἀπόστολοι αὐτοῦ τούτου τοῦ Χριστοῦ ἡμῶν.*

Man will hier [1]) aus dem Wechsel des Jndikativs und des Infinitivs schliessen, dass J. habe andeuten wollen, dass er nur die letzte Nachricht aus den *ἀπομνημονεύματα* habe. Es ist jedoch höchst unwahrscheinlich dass J., der sonst nirgends einen Unterschied zwischen kanonischen und ausserkanonischen Quellen macht, hier einen solchen so zaghaft angedeutet hätte. Jedenfalls deutet er durch kein Wort an, dass er die eine Nachricht für weniger zuverlässig halte als die andre. Vielmehr erklärt sich der Wechsel des Modus als ein einfaches Anakoluth, oder auch durch einen Schreibfehler.

Diese Entscheidung kann jedoch zur Gewissheit erhoben werden. Denn es lässt sich nachweisen, dass J. auch die folgende Nachricht nicht in einem unsrer kanonischen Texte gelesen hat. J. liest nämlich [2]):

III. 1) *καὶ ἀναδύντος αὐτοῦ ἀπὸ τοῦ ὕδατος ὡς περιστερὰν τὸ ἅγιον πνεῦμα ἐπιπτῆναι ἐπ' αὐτόν* und — allerdings kurz darauf [3]) — wiederholt er 2) *τὸ πνεῦμα οὖν τὸ ἅγιον καὶ διὰ τοὺς ἀνθρώπους ὡς προέφην ἐν εἴδει περιστερᾶς ἐπέπτη αὐτῷ.*

Schon Resch (a. a. O. 363 f.) hat darauf aufmerksam gemacht, dass eine Parallele zu dem sonst in keiner Handschr. bezeugten *ἐπέπτη* in der syrischen Taufliturgie des Severus sich

---

[1]) S. Otto zu der betreffenden Stelle.
[2]) D. 88⁹.
[3]) Note 21.

vorfinde. Es heisst dort (Severi Alexandrini de ritibus baptismi liber editus a Guidone Fabricio Boderiano Antwerpiae 1572):
3) p. 24 f. et spiritus sanctitatis in similitudinem columbae volans descendit.
4) p. 26. et spiritus sanctitatis, qui in speciem columbae volans descendit.

Für R.'s Vermutung, dass wir es hier mit einer bestimmten Textüberlieferung zu thun haben, kann ich noch einige Beweise beibringen [1]). Es finden sich noch folgende Parallelen:

5) [2]) Tertullian adv. Valentinianos c. 27 Super hunc itaque Christum devolasse tunc in baptismatis sacramento Ien per effigiem columbae.

6) [3]) Origenes contra Cels. I 40 ἑξῆς δὲ τούτοις ἀπὸ τοῦ κατὰ Ματταίου τάχα δὲ καὶ τῶν λοιπῶν εὐαγγελίων λαβὼν τὰ περὶ τῆς ἐπιπτάσης τῷ Σωτῆρι βαπτιζομένῳ παρὰ τοῦ Ἰωάννου περιστερᾶς διαβάλλειν βούλεται ὡς πλάσμα τὸ εἰρημένον [4]).

7) Origenes in Joann. Tom. II 6 (Lommatzsch I 112) „ὅτε τῷ σωματικῷ εἴδει ὡσεὶ περιστερὰ ἐφίπτατai μετὰ τὸ λοῦτρον αὐτῷ καὶ ἐπίπταν οὐ παρέσχεται [5]).

8) Hilarius in Ps. 54₇ nam et in columbae specie Spiritus in eum volando requievit . . . . . ut volando requiescat [6]).

9) Hilarius comment. in Matth. 2₆ [7]) (Usener S. 43) post aquae lavacrum et de caelestibus portis sanctum in nos spiritum involare et caelestis nos gloriae unctione perfundi [8]).

Damit ist bewiesen, dass J. das von keiner Handschr. be-

---

[1]) Diese Stelle kann überhaupt zeigen, wie man auch bei kleinen Abweichungen in der Textkritik nie allzurasch mit der Ausflucht, dass Zufall obwalte, bei der Hand sein dürfe.
[2]) S. Rönsch d. neue Test. Tert. S. 62.
[3]) L. 18.₇₇.
[4]) Die Unsicherheit mit der Origenes entscheidet, aus welchem Evangelium Celsus seinen Taufbericht entlehnt, scheint darauf hinzudeuten, dass ihm der Wortlaut, den er bei Celsus vorfand, neu war, und zu diesem eigentümlichen Text, den Origenes bei Celsus vorgefunden haben wird, ist auch das ἐπιπτάσης zu rechnen.
[5]) Dass Origenes hier ebenfalls ἐφίπτατai liest, kann uns an der Quellenmässigkeit des Wortes nicht irre machen. Origenes kann immerhin, auch wenn er dies Wort nur beim Celsus gelesen, es im Gedächtnis behalten haben. Beispiele, dass Kirchenväter Texte, die sie als häretisch bezeichnen, an andern Stellen selbst gebrauchen, sind nicht selten.
[6]) I 120.
[7]) I 676.
[8]) Dass Hilarius offenbar dies Wort in seinem Text gefunden, kann sich nur so erklären, dass wir annehmen, dass es in einige Italahandschriften eingedrungen.

zeugte *ἐπέπτη* doch in einer schriftlichen Quelle vorgelegen haben muss. Neben J. treten als Zeugen für die Lesart ein die Valentinianer, Celsus, Hilarius, endlich die severian. Taufliturgie[1]). Anhang: Resch hat (a. a. O. 345 f.) noch auf folgende Parallele hingewiesen J. D. 88[9] *καὶ οὐχ ὡς ἐνδεᾶ αὐτὸν τοῦ βαπτισθῆναι ... οἴδαμεν αὐτὸν ἐληλυθέναι ἐπὶ τὸν ποταμόν.*

2) Epiphanius Haer. XXX 13[2]) (Ebionitenev.) *ὁ Ἰωάννης προσπεσὼν αὐτῷ ἔλεγε· δέομαί σου κύριε, σύ με βάπτισον.* Die Parallelen liessen sich vermehren.

3) Epiphanius *Ἀνακεφαλαίωσις* II 3: *βαπτισθεὶς ὑπὸ Ἰωάννου οὐκ ἐπιδεόμενος λούτρου . . . . παρεχόμενος ἥπερ ἐπιδεόμενος.*

4) Hilarius Comment. in Matth. III 5 f. ipse quidem lavacri egens non erat.

Resch vermutet, dass wir in dem *δέομαι, ἐνδεής* (cf. auch das *ἐπιδέομαι*) eine Spur einer Übersetzungsvariante haben, der parallele Ausdruck stände Mtth. 3,14 *χρείαν ἔχω.* Doch will ich diese letztere Vermutung hier bei Seite lassen[3]), zumal da aus dem Bericht J.'s nicht hervorgeht ob er jenes Gespräch Jesu mit dem Täufer, zu dem dieses Wort gehört, in einer eigentümlichen Gestaltung und in eigentümlicher Stellung vorgefunden.

V. Was sollen wir nun über den bisher beobachteten Thatbestand sagen? an nicht weniger als drei Stellen hat J. eine eigentümliche Variante, die ihm schriftlich fixiert vorgelegen haben muss. Davon war die eine allerdings handschriftlich weit verbreitet, die zweite findet sich dagegen nur in zwei Italatexten, die dritte gar nicht mehr. Sollen wir nun annehmen, dass eine vorkanonische Textgestaltung dem J. bekannt gewesen, in der alle drei Eigentümlichkeiten gestanden? Diese Annahme ist mindestens unwahrscheinlich und geht von einer Anschauung über die Entwickelung unsrer Texte aus, die ich nicht zu teilen vermag (s. o. 116 ff.).

Um hier jedoch mit einiger Sicherheit weiter kommen zu können, müssen wir den inneren Wert der eigentümlichen Gestaltung des Taufberichts J.'s prüfen. Wir nehmen daher den oben abgebrochenen Faden der Untersuchung wieder auf. Ich vermag Usener nicht beizustimmen in seiner Vermutung, dass

---

[1]) Freilich gebraucht J. einmal D. 88 zw. 9 u. 10 den Ausdruck *τοῦ ἐπελθόντος ἐν εἴδει περιστερᾶς πνεύματος.* Jedoch will das gegenüber der zweimaligen Anführung des *ἐπέπτη* wenig bedeuten.

[2]) I S. 138.

[3]) Auch nicht zu entscheiden vermag ich, ob J.'s Lesart *καὶ ἀναδύντος αὐτοῦ ἀπὸ τοῦ ὕδατος* (88⁹) ihm handschriftlich vorlag. Parallelen habe ich nicht finden können und D. 103,19 liest J. *ἅμα τῷ ἀναβῆναι αὐτὸν ἀπὸ τοῦ Ἰορδάνου.*

jene aus Ps. 2₇ entlehnte Taufstimme ursprünglich im Texte unsres Lukas gestanden. Gewiss der Text war sehr weit verbreitet. Aber wir dürfen nicht vergessen, dass ein grosser Teil der weiten Verbreitung dieser Textüberlieferung dem Umstande zuzuschreiben ist, dass der Text Aufnahme gefunden bei jener Klasse von Handschr., die schon im zweiten Jahrhundert in der Kirche verbreitet gewesen sein muss, die doch von allen namhaften Kritikern bei der Herstellung unsres Textes nicht als massgebend anerkannt wird [1]).

Aber wie dem sein möge: Hat der Text ursprünglich im Lukas gestanden, so kann Lukas ihn nur einer älteren Quelle verdanken. Denn dass der Evangelist, der die wunderbare Geburt Christi mit allen Wunderfarben ausmalt, eine Auffassung von der Taufe als einer Geburt Christi aus Gott erst eingeführt haben sollte, ist undenkbar [2]). Hat der Text im Lukas ursprünglich nicht gestanden, so werden wir vor die Frage gestellt, wie ist er in denselben hineingekommen.

Resch stellt hier nun die Vermutung auf, dass dieser Text durch eine judenchristliche Bearbeitung des Archetypus des Kod. D. in diesen eingedrungen. Der Inhalt des Textes trage judenchristlichen Charakter, und der Kod. D. sei durch judenchristliche Hände überliefert. Was von der letzteren Behauptung zu halten, haben wir schon oben gesehen. Dass der Inhalt der Taufstimme judenchristlichen Charakter zeige, ist ebenso unbeweisbar. Einen wie ganz andern Charakter zeigt der Taufbericht des Hebräerevangeliums, und wenn auch das Evangelium der Ebioniten einen ähnlichen Taufbericht enthält, so hat es ebenso gut aus unsern Synoptikern geschöpft [3]). Man könnte mit demselben Recht auch das Judenchristentum dieser behaupten, doch davon wird weiter unten zu reden sein.

Zunächst ist zu bemerken, dass an dieser Stelle die litterarischen Vorbedingungen in jeder Weise gegeben sind zu der Vermutung, die von Credner begründet und von Resch sonst so oft benutzt wird, dass wir hier eine jener Textvarianten haben,

---

[1]) Es fehlt auch das bestimmte Zeugnis des Origenes dafür, dass ursprünglich der obige Wortlaut im Lukas gestanden. Lesen wir auch einmal in der Übersetzung (in Ezechielem VI 3) filius meus es tu, ego hodie genui te, so ist doch gerade in d. Hom. XXVII über Lukas der Wortlaut der Taufstimme — allerdings wiederum in einer Übersetzung angegeben: Hic est filius meus dilectus in quo mihi complacui.

[2]) Und auf eine ältere Quelle als Lukas weisen auch d. sonstigen Eigentümlichkeiten, die sich in dem Taufbericht des J. finden.

[3]) Das Ebionitenevangelium bringt eine Harmonie mehrerer Taufberichte.

die in den Evangelientext des Kod. D. aus einer ursprünglichen Evangelienquelle eingedrungen sind. Wir finden unsern Text bezeugt durch J., Clemens Al., die Didaskalia, die apostolischen Konstitutionen, d. h. in Quellen, bei denen Resch überall die Möglichkeit annimmt, dass ihnen eigentümliche Evangelienquellen zur Verfügung standen. Ferner greift J. in den Eigentümlichkeiten seines Taufberichts weit über Kod. D. hinaus. Wir dürfen also hier eine Anwendung von der Regel machen, die wir oben (S. 49) festgestellt haben.

Wir werden also in beiden Fällen, sei es dass jener Text im Lukas gestanden, sei es dass er erst auf dem Wege einer Textkorrektur in den kanonischen Text eingedrungen, zu der Annahme einer älteren Quelle zurückgedrängt. Über eine blosse Vermutung hinaus führt uns nun die innere Kritik. Denn sie zeigt uns, dass in dem Bericht, wie er bei J. vorliegt eine Evangelientradition enthalten ist, die wertvoller und älter ist, als selbst die unsrer Synoptiker. Der Inhalt der Taufstimme: Mein lieber Sohn bist Du, heute habe ich Dich gezeugt, giebt genau die Anschauung wieder von der Bedeutsamkeit der Taufe Jesu für dessen eignes Leben, wie sie die Berichterstattung unsrer Synoptiker noch beherrscht. Sie alle lassen mit dem Taufbericht das eigentliche Leben Jesu beginnen, sie alle sehen in der Taufe das bedeutsame Ereignis, das an der Schwelle des öffentlichen Lebens Jesu stehend im unmittelbaren kausalen Zusammenhang damit stand, dass nun der Gottgesandte und Geistgesalbte öffentlich in das Leben seines Volkes einzugreifen begann. Was passt zu diesem Moment in dieser Auffassung besser als die Stimme aus dem Königspsalm des alten Testaments: Mein lieber Sohn bist Du, ich habe Dich heute gezeugt [1]). Hingegen der Spruch, den die Synoptiker jetzt in ihrem Taufbericht haben, hat sein festes und bestimmtes Gepräge in der Verklärungsgeschichte: οὗτός ἐστιν ὁ υἱός μου ὁ ἀγαπητός, αὐτοῦ ἀκούετε (Matthäus fügt noch hinzu ἐν ᾧ εὐδόκησα). In diese Erzählung passt der Wortlaut vortrefflich. Denn hier handelt es sich um eine

---

[1]) Auf diese Taufstimme scheint mir auch Hebr. 1_5 u. 5_5 angespielt zu sein, wenn auch der Verfasser nicht vorzugsweise an den alttestamentlichen Spruch denkt und seine Christologie zu der älteren Auffassung von der Taufe Christi nicht mehr recht passt. Aber dass der Verfasser 1_5 an die Taufe Christi gedacht, beweist 1_6 ὅταν δὲ πάλιν εἰσαγάγῃ τὸν πρωτότοκον εἰς τὴν οἰκουμένην. Das πάλιν kann sich nicht gut auf etwas andres beziehen als auf eine erstmalige Einführung Christi εἰς τὴν οἰκουμένην. Hatte aber der Verfasser dabei eine Evangelienschrift vor Augen, die mit der Taufe Christi anhob, was ist wahrscheinlicher, als dass er an diese Einführung des erstgeborenen in die Welt dachte. Über Act. 13_{33} wird weiter unten die Rede sein.

Manifestation der überirdischen Herrlichkeit Jesu an seine Jünger. So lässt sich vermuten, dass der Wortlaut dieser Stimme auf dem Verklärungsberge allmählich die eigentümliche Fassung der Taufstimme verdrängt hat. Denn dahin führte auch die innere Tendenz der Dinge. Mit der Zeit als man in der Annahme der wunderbaren Geburt Jesu die Lösung des grossen Geheimnisses der Person Jesu Christi zu finden gemeint, wurde die Auffassung der Taufe als einer ebenfalls wunderbaren Geburt Jesu verdächtig. Es wäre der Mühe wert die Ausführungen der Kirchenväter über den Taufbericht zu sammeln, sie würden beweisen wieviel Kopfzerbrechen man sich über jene fatale Taufstimme von frühester Zeit an gemacht[1]). Ja wir können noch weiter zurückgehen und sagen, dass die Auffassung der Taufe, wie sie sich in jenem Worte ausspricht, sich schon nicht mehr mit der pneumatischen Christologie des Paulus vertrug. So machte man sich denn schon in früher Zeit an die Änderung der unbequemen Stelle. Folgende Zusammenstellung wird das zeigen.

Justin
τὸ πνεῦμα τὸ ἅγιον ἐν εἴδει περιστερᾶς ἐπέπτη αὐτῷ καὶ φωνὴ ἐκ τῶν οὐρανῶν ἅμα ἐληλύθει· υἱός μου εἶ σὺ ἐγὼ σήμερον γεγέννηκά σε·

Markus
εἶδεν σχιζομένους τοὺς οὐρανοὺς καὶ τὸ πνεῦμα ὡς περιστερὰν καταβαῖνον εἰς αὐτὸν καὶ φωνὴ ἐκ τῶν οὐρανῶν· σὺ εἶ ὁ υἱός μου ὁ ἀγαπητὸς ἐν σοὶ εὐδόκησα·

Matthäus
καὶ ἰδοὺ ἀνεῴχθησαν οἱ οὐρανοὶ καὶ εἶδεν πνεῦμα θεοῦ καταβαῖνον ὡσεὶ περιστ. καὶ ἰδοὺ φωνὴ ἐκ τῶν οὐρανῶν λέγουσα· οὗτός ἐστιν ὁ υἱός μου ὁ ἀγαπητὸς ἐν ᾧ ηὐδόκησα

Johannes
κἀγὼ οὐκ ᾔδειν αὐτὸν ἀλλ᾽ ἵνα φανερωθῇ τῷ Ἰσραὴλ διὰ τοῦτο ἦλθον ἐγώ.... καὶ ἐμαρτύρησεν Ἰωάννης λέγων ὅτι τεθέαμαι τὸ πνεῦμα καταβαῖνον καὶ μένον ἐπ᾽ αὐτόν.

So haben wir eine ganze Skala allmählicher Veränderungen durch die aus einem Vorgang, der das innerste Leben Jesu selbst betraf, allmählich eine äussere officielle Bezeugung seiner über-

---

[1]) Vergl. d. Versuche, die J. macht D. 88⁹·²⁴.

irdischen Herrlichkeit wurde. Dass Lukas, dem als Quellen Markus und vielleicht schon Matthäus vorlagen, zu der alten Fassung der Taufstimme zurückgekehrt sein sollte, wird auch von hier aus unwahrscheinlich. Der Text-Redaktor des Lukas, dessen Thätigkeit wir im Kod. D. begegnen, hat jedenfalls nur sehr harmlos und aus harmonistischen Gründen den altertümlichen Bericht wieder hergestellt, vielleicht weil Lukas in seinem Bericht über die Taufe dem Wortlaut der Quelle am nächsten stand, in der jener Wortlaut der Taufstimme stand [1]).

Gehen wir jetzt zu der zweiten Eigentümlichkeit über, die J. in seinem Taufbericht bietet der Lichterscheinung vor der Taufe Jesu. Auf den ersten Blick hat dieser Bericht ja einen mehr sekundären apokryphen Charakter. Aber dieser Zug ist doch weit genug bezeugt in der Familie des western text, dass wir die Vermutung wagen dürfen, er stamme, wie so mancher andre Sonderzug der von D. geführten Textklasse aus jener alten Quelle, auf die wir auch das Taufwort zurückgeführt haben (Resch S. 359 urteilt ebenso). Man bedenke ferner wie zur Zeit Jesu τὸ πνεῦμα kaum anders als in äusserer sinnlicher Gestalt, als eine Lichtmaterie gedacht wurde, man denke an den Pfingstbericht in der Apostelgeschichte, an die plastischen Vorstellungen, die Paulus von dem Pneuma hatte. Mit Recht zieht Resch die Lichterscheinung auf dem Verklärungsberg (Mtth. 27$_2$ und Par.) und die Lichterscheinung bei Pauli Bekehrung an. Und eine Reihe von gnostischen Schulen hat die Erinnerung an diesen Zug von der Taufe Christi bewahrt, indem sie irgend ein Feuersymbol bei der Taufe verwandten oder die Taufe für unvollständig erklärten, bei der das Feuerzeichen über dem Wasser fehlte [2]). So gewinnt die Vermutung Useners Wahrscheinlichkeit, dass wir es hier mit einer alten Evangelienüberlieferung zu thun haben, die erst infolge des Missbrauch der Gnostiker gewaltsam vernichtet sei. Hat doch die Kirche überall nachdem einmal die alte Zeit des Enthusiasmus geschwunden, in der der Geist

---

[1]) Die planmässige Arbeit, die hier vorgenommen wurde, wird auch deutlich, wenn man die Italakodices unter einander vergleicht. Durch jene Textüberarbeitung, die auf die ganze Familie des western text ihren Einfluss geübt, waren jene verdächtigen Texte alle wieder in die Synoptiker eingedrungen. Z. B. auch, das „Du bist mein lieber Sohn" im Matthäus. Da haben nun die Abschreiber der Italakodices von Neuem die Arbeit in Angriff genommen, die gefährliche Auffassung von der Taufe zu beseitigen. Und was thaten sie? Sie harmonisierten die Taufstimme mit der Verklärungsstimme, sodass wir in späteren Texten sogar das αὐτοῦ ἀκούετε lesen können. Andre Beispiele s. b. Usener S. 47.

[2]) S. d. Nachweisungen bei Credner a. a. O. S. 238, Hilgenfeld 167, Usener 25—27.

wirklich in „Feuersgestalt" auf die Gläubigen Christi herabkam, eine gewaltsame Repristinierung geschwundener Begeisterung in weiser Bequemlichkeit von sich abgelehnt. — Vielleicht mag jedoch die Episode von dem Lichtglanz, der bei Jesu Taufe erschienen, aus unsern Synoptikern schon deshalb verschwunden sein, weil man allmählich alle Anzeichen zu vernichten suchte, dass in der Taufe an Jesu selbst sich etwas reales vollzogen [1]), wie wir das oben schon gesehen. Aber eine Spur [2]) hat sich in unsern kanonischen Texten doch von jener altertümlichen Auffassung erhalten. Wenn dort zu lesen steht: er wird euch taufen mit Geist und Feuer, so ist dies Wort ein Niederschlag jener sinnlich lebendigen Auffassung, nach der der Geist in Feuersglanz auf Christus und seine ersten Jünger in der Taufe herabgefahren. Markus, der zuerst die Feuererscheinung bei der Taufe Christi weggelassen, hat naturgemäss auch das πυρί beseitigt. Dagegen haben Matthäus und ihm nach Lukas zwar das πνεύματι καὶ πυρί beibehalten, aber eine neue Erklärung für die Worte gegeben, indem hier das πυρί auf das Zornesfeuer im messianischen Gericht bezogen wird, eine Deutung, die ganz gewiss nicht im ursprünglichen Sinn der Worte liegt.

Die letzte Eigentümlichkeit, die J.'s Text zeigt, dass der heilige Geist in Gestalt einer Taube auf Jesum herabgeflogen, bietet unsern Synoptikern gegenüber nur eine Wortverschiedenheit. Zu bemerken wäre nur, dass J. mit seinem Bericht — er hat allerdings einmal ὡς περιστερά, zweimal jedoch ausdrücklich ἐν εἴδει περιστερᾶς [3]) — auch das Verbum ἐπέπτη ist beweisend — die Auffassung bestätigt, dass es sich auch bei unsern Synoptikern um das wirkliche Erscheinen einer Taube handelt, nicht nur darum, dass der heilige Geist nach Art des Taubenflugs auf Jesum herabgeschwebt sei, was ja eine ganz zwecklose Bemerkung wäre [4]). Richten wir unsern Blick nun weiter auf die

---

[1]) Denn gegen Usener (S. 62) ist zu behaupten, dass dieser Bericht in keinem unsrer Synoptiker ursprünglich gestanden.

[2]) Ich sehe nachträglich, dass auch Usener S. 64 diese Vermutung aufstellt.

[3]) Überhaupt nähert sich der Wortlaut des Taufberichts J.'s am meisten dem des Lk. In beiden scheint die kurze gedrungene Form der Darstellung zu herrschen, in beiden findet sich der Ausdruck τὸ ἅγιον πνεῦμα, τὸ πνεῦμα τὸ ἅγιον (Matth. πνεῦμα θεοῦ, Mrk. τὸ πνεῦμα). J. hat wenigstens zweimal ἐν εἴδει περιστερᾶς, was sich am meisten der Fassung des Lk. σωματικῷ εἴδει ὡς περιστεράν nähert.

[4]) Auf die künstlichen Kombinationen Useners kann ich mich hier kaum einlassen. Usener meint, dass in der Auffassung der Taufe des Heilandes zwei Richtungen zu unterscheiden seien. Der einen nach sei Jesus als Gott zur Taufe gekommen, und auf ihn sei der Geist in Gestalt einer Taube der Dienerin der Gottheit herabgekommen, nach

Vorgeschichte der Taufperikope, die sich in demselben Kapitel (88) findet, so können wir auch hier mehrere Beobachtungen machen, die unsre Annahme, dass J. aus einer ausserkanonischen Quelle schöpft in erfreulicher Weise bestätigen. Am wichtigsten ist folgende Stelle J.'s, die ich hier mit ihren Parallelen zusammenstelle.

(Tafel siehe folgende Seite.)

Was bei dieser Vergleichung zunächst ins Auge fällt, ist die überwiegende Übereinstimmung J.'s mit dem Johannesevangelium. Dabei ist aber überwiegend wahrscheinlich, dass die Abhängigkeit hier nicht auf Seiten J.'s sich befinden kann. Denn der beiden gemeinsame Text bildet für Johannes nur das Gerippe, zu dem er eine durch zehn Verse sich hindurchziehende Paraphrase bietet. Es ist aber ganz unmöglich, dass J., der von Johannes höchstens nur in der Bildung einiger Lehrausdrücke abhängig ist — jedoch ist auch das nicht mit voller Sicherheit zu erweisen (s. Anhang I dieser Arbeit), der auf keinen Fall das Johannesevangelium als Apomnemoneuma gebrauchte, hier in einem Zusammenhang, wo er sonst nur Quellen von synoptischem Typus benutzt[1]), den Taufbericht des Johannes in kunstreichster Weise excerpiert hätte. Auch würde eine solche Annahme immer noch nicht J.'s Übereinstimmung mit der Apostelgeschichte erklären. Einen direkten Zusammenhang mit der Apostelgeschichte anzunehmen, ist ebenfalls misslich. Denn wie sollte J. dazu kommen, einen so entlegenen Bericht, wie er sich Act. 13 bietet, in seiner Tauferzählung zu verwerten. Eine Abhängigkeit des J. von Lukas aber erklärt die vorliegenden Phänomene nicht, nicht die dreimalige Übereinstimmung in der charakteristischen Antwort οὐκ εἰμὶ ὁ Χριστὸς (ἐγὼ), nicht die Übereinstimmung zwischen J. und Johannes in dem φωνὴ βοῶντος, nicht den scharfen gegensätzlichen Einsatz ἥξει γὰρ ὁ ἰσχυρότερός μου (Act. ἀλλ' ἰδοὺ ἔρχεται μετ' ἐμέ) bei J. und der Apostelgeschichte[2]), nicht das charakteristische ἥξει bei J. das bei ihm D. 49 wiederkehrt. Es bleibt also nur die Möglichkeit, dass hier ein gemeinsamer Text zu Grunde liegt. Dieser tritt am deutlichsten zu Tage in der ersten Hälfte (bis φωνὴ

---

der andern sei der Geist in den Menschen Jesum bei der Taufe eingegangen. Die Synoptiker hätten teilweise einen Mischtext. Diese ganze Konstruktion scheitert daran, dass ihr die genügende Quellenunterlage fehlt. Aus Marcion endlich gegen die Geschichtlichkeit des ganzen Taufberichts operieren zu wollen, halte ich für grundverkehrt.

[1]) Es kommt hinzu, dass J. hier überall wenigstens aus den Apomnemoneumata citieren will.

[2]) Der Wortlaut findet sich allerdings auch Mrk. 1₉ bezeugt καὶ ἐκήρυσσε λέγων· ἔρχεται ὁ ἰσχυρότερός μου ὀπίσω μου.

J. D. 88,14	Act. 13,25	Joh. 1	Lk. 3,15
οἱ ἄνθρωποι ὑπελάμβανον αὐτὸν εἶναι τὸν Χριστόν, πρὸς οὓς καὶ αὐτὸς ἐβόα· οὐκ εἰμὶ ὁ Χριστός ἀλλὰ φωνὴ βοῶντος	τί ἐμὲ ὑπονοεῖτε εἶναι		διαλογιζομένων πάντων μήποτε αὐτὸς εἴη ὁ Χρ.
		V. 19. σὺ τίς εἶ	ἀπεκρίνατο
		V. 20. καὶ ὡμολόγησεν ὅτι	
	οὐκ εἰμὶ ἐγώ	ἐγὼ οὐκ εἰμὶ ὁ Χριστός	
		V. 23. ἐγὼ φωνὴ βοῶντος	
ἥξει γὰρ ὁ ἰσχυρότερός μου οὗ οὐκ εἰμὶ ἱκανὸς τὰ ὑποδήματα βαστάσαι	ἀλλ' ἰδοὺ ἔρχεται μετ' ἐμὲ οὗ οὐκ εἰμὶ ἄξιος τὸ ὑπόδημα τῶν ποδῶν λῦσαι	V. 26 ἐγὼ βαπτίζω ἐν ὕδατι (V. 27) ὁ ὀπίσω μου ἐρχόμενος, οὗ οὐκ εἰμὶ ἐγὼ ἄξιος ἵνα λύσω αὐτοῦ τὸν ἱμάντα τοῦ ὑποδήματος	ἐγὼ μὲν ὕδατι βαπτίζω ὑμᾶς, ἔρχεται δὲ ὁ ἰσχυρότερός μου οὗ οὐκ εἰμὶ ἱκανὸς λῦσαι τὸν ἱμάντα τῶν ὑποδημάτων αὐτοῦ.

βοῶντος) bei J. und Johannes, in der zweiten Hälfte bei J. und der Apostelgeschichte, während hier Johannes dem Matthäus konformiert ist. Am Schluss hat allein J. [1]) in Übereinstimmung mit Matthäus-Markus den Text getreu erhalten, während Johannes hier von Lukas abhängig ist und die Apostelgeschichte einen Mischtext zeigt [2]).

In derselben Perikope findet sich noch eine bemerkenswerte Stelle bei J. Sie lautet:

D. 88 [13]. *Ἰωάννου γὰρ καθεζομένου ἐπὶ τοῦ Ἰορδάνου καὶ κηρύσσοντος βάπτισμα μετανοίας.*

Das *καθεζομένου* findet sich ebenfalls D. 51, so dass hier ein eigentümlicher Text J.'s vorzuliegen scheint. Selbständig ist auch die Tradition des J. *καὶ κηρύσσοντος βάπτισμα μετανοίας*. Mark. und Luk. haben an den betreffenden Stellen *βάπτισμα μετανοίας εἰς ἄφεσιν ἁμαρτιῶν*, Mattäus aber *μετανοεῖτε · ἤγγικεν γὰρ ἡ βασιλεία τῶν οὐρανῶν*. Um so bedeutsamer aber ist diese kleine Abweichung, als hier die Apostelgeschichte zum dritten Mal mit J. geht und 13,24 hat: *προκηρύξαντος βάπτισμα μετανοίας παντὶ τῷ λαῷ Ἰσραήλ*. Auch das Ebionitenevangelium hat *βαπτίζων βάπτισμα μετανοίας*.

Es erübrigt jedoch noch eine Stelle, in der J. ebenfalls den Taufbericht behandelt. Ich setze sie mit den in Betracht kommenden Parallelen hierher.

---

[1]) In den Worten *ἱκανὸς τὰ ὑποδήματα βαστάσαι*. Dass die Italatexte bei Lukas ebenfalls den Text *ὑποδήματα βαστάσαι* bezeugen, könnte vielleicht darauf hindeuten, dass die Quelle des Lukas diese Worte las und Lukas hier geändert hat.

[2]) Act. 13,32 beschliesst „Paulus" den Überblick über das Leben Jesu: „Und also verkünden wir euch die frohe Botschaft: die Verheissung, die den Vätern geschehen, Gott hat sie erfüllet unsern (?) Kindern, indem er ihnen Jesus hinstellte, wie in dem Psalm geschrieben steht: Du bist mein lieber Sohn, ich habe Dich heute gezeugt. Dass er ihn aber auferweckt hat von den Toten — davon hat er so geredet" . . — folgen Stellen, die die Totenauferstehung beweisen. Ich halte es nun für möglich, ja um eine vollständige Tautologie zu vermeiden, für geboten, das *ἀναστήσας* (primo loco) mit „hinstellend" zu übersetzen. Dann würden sich die folgenden Worte auf die Taufe Jesu beziehen, in der Gott eben Jesum dem Volke Israel aufgestellt, in seine Thätigkeit eingeführt hatte, so wie es im ersten Psalm geschrieben steht u. s. w. Dann wäre auch diese Stelle ein Beweis, dass der Verfasser der Apostelgeschichte in diesem Kapitel von einem Taufbericht abhängig ist, ähnlich dem, den auch J. gebraucht.

J. D. 4911	Matth.	Luk.	Luk. im western text
ἐγὼ μὲν ὑμᾶς βαπτίζω ἐν ὕδατι εἰς μετάνοιαν. ἥξει δὲ ὁ ἰσχυρότερός μου οὗ οὐκ εἰμὶ ἱκανὸς τὰ ὑποδήματα βαστάσαι. αὐτὸς ὑμᾶς βαπτίσει ἐν πνεύματι ἁγίῳ καὶ πυρί,	ἐγὼ μὲν ὑμᾶς βαπτίζω ἐν ὕδατι εἰς μετάνοιαν s. u. αὐτὸς -πυρί keine Varianten	ἐγὼ μὲν ὕδατι βαπτίζω ὑμᾶς do.	ἐγὼ ὑμᾶς βαπτίζω ἐν ὕδατι εἰς μετάνοιαν do.
οὗ τὸ πτύον αὐτοῦ ἐν τῇ χειρὶ αὐτοῦ,	οὗ τὸ πτύον ἐν τῇ χειρὶ αὐτοῦ	οὗ τὸ πτύον ἐν τῇ χειρὶ αὐτοῦ	οὗ τὸ πτύον ἐν τῇ χειρὶ αὐτοῦ
καὶ διακαθαριεῖ τὴν ἅλωνα αὐτοῦ καὶ τὸν σῖτον συνάξει εἰς τὴν ἀποθήκην	keine Varianten καὶ συνάξει τὸν σῖτον αὐτοῦ εἰς τὴν ἀποθήκην	διακαθᾶραι τὴν ἅλωνα αὐτοῦ καὶ συναγαγεῖν τὸν σῖτον εἰς τ. ἀποθήκην αὐτοῦ	καὶ διακαθαριεῖ τὴν ἅλωνα αὐτοῦ καὶ τὸν σῖτον συνάξει εἰς τὴν ἀποθήκην
τὸ δὲ ἄχυρον κατακαύσει πυρὶ ἀσβέστῳ.	keine Varianten	do.	do.

Diese Stelle ist in den verschiedensten Beziehungen ausserordentlich lehrreich. Wir können zunächst feststellen, dass J. hier bis auf den Wortlaut — die einzelnen Abweichungen sind nicht mehr als handschriftliche Varianten — mit dem Texte unsrer Synoptiker (das nähere siehe weiter unten) übereinstimmt. Aus dieser wortgetreuen Citationsweise können wir ferner vermuten, dass J. hier sein Citat aufgeschlagen und wörtlich ausgeschrieben hat, was er ja sonst nicht thut. Welchen Text? Auch das lässt sich konstatieren, jedenfalls einen andern als den wir bisher von ihm benutzt fanden, denn er bringt diesmal die Worte ἥξει δὲ ὁ ἰσχυρότερός μου an einer andern, Stelle, in andrer Umgebung als das vorige Mal. Damit ist überwiegend wahrscheinlich, dass er die Stelle aus Matthäus oder Lukas entlehnt. Gerade in den schon angeführten Worten ἥξει δὲ ὁ ἰσχυρότερός μου aber zeigt J. eine prägnante Abweichung von dem Text unsrer Synoptiker und daneben eine wörtliche Übersetzung mit dem oben beigebrachten Citat. Wie erklärt sich das? Nun eben dadurch, dass J. der Wortlaut seiner andern Quelle so stark im Gedächtnis haftet, dass derselbe ihm hier unwillkürlich in die Feder gerät.

Es lässt sich ferner vielleicht gar noch bestimmen, welchen unserer Synoptiker, ja nach welchen Handschriften J. diesen benutzt.

Auf den ersten Blick scheint er dem Matthäus bedeutend näher zu stehen als dem Lukas. Doch wenn wir einmal versuchen, durch Vergleichung des Kod. D. mit den altlateinischen und syrischen Versionen den western text wiederherzustellen, so ist das Resultat ein überraschendes. Abgesehen von der eigentümlichen Variante J.'s οὗ τὸ πτύον αὐτοῦ und dem fehlenden μὲν, im Anfang stellt sich eine wörtliche Übereinstimmung mit J. heraus. So wird J. hier zum Zeugen für das frühe Alter der Lesarten des western texts.

Wir sind am Ende unsrer Untersuchung. Es hat sich herausgestellt, dass J. für seinen Taufbericht eine schriftliche ausserkanonische Quelle benutzte, eine Quelle, die teilweise entschieden ursprünglichere Evangelientradition bewahrt, als unsre Synoptiker, eine Quelle, die wahrscheinlich schon vom Evangelium des Johannes und der Apostelgeschichte benutzt ist, und von deren altertümlichem Taufbericht auch unsre Synoptiker Spuren zeigen. Die Erzählung dieser Quelle war J. sehr geläufig, so dass er sie überall frei citiert und sich gedächtnismässig stark von ihr beeinflusst zeigt. Das einzige Mal dagegen, wo er entschieden einen unsrer Synoptiker benutzt, hat er eine Handschr. desselben aufgeschlagen und sie wörtlich ausgeschrieben. Ja er scheint, was den Taufbericht anbetrifft, nicht

eben sonderlich mit dem Wortlaut unsrer Synoptiker vertraut
gewesen zu sein. Sonst hätte er sicher die ihm dogmatisch so
unbequeme Fassung der Taufstimme vermieden und die des
Matthäus dafür eingesetzt.

§ 8. Die Bergpredigt.

In der Apologie I 14[9] verkündet J.: ἵνα δὲ μὴ σοφίζεσθαι
ὑμᾶς δοξῶμεν, ὀλίγων τινῶν τῶν παρ' αὐτοῦ τοῦ Χριστοῦ
διδαγμάτων ἐπιμνησθῆναι καλῶς ἔχειν πρὸ τῆς ἀποδείξεως
ἡγησάμεθα. Und diesem seinem Versprechen kommt nun J.
in Cap. 15—16 (teilweise noch Cap. 17) dadurch nach, dass er
einen Auszug der Bergpredigt giebt. — Es scheint den Ver-
teidigern der Bekanntschaft J.'s mit unsern Synoptikern entgangen
zu sein, dass diesem Kapitel einer der Hauptbeweise für J.'s
Bekanntschaft mit unserm Matthäus zu entnehmen ist. Stellen
wir einmal die Evangelienstoffe zusammen, die J. hier innerhalb
des engen Rahmens von zwei Capiteln zusammengetragen, so sind es
folgende: 1) der Spruch Matth. 5$_{16}$, 2) der Spruch über die
Strafbarkeit des Zornes (Matth. 5$_{22}$), 3) der Spruch über den
Ehebruch (5$_{28}$), 4) über die Glieder, die Ärgernis erregen
(5$_{29}$), 5) über die Ehescheidung (5$_{32}$), 6) über das Schwören
(5$_{37}$), 7) das Verbot, Unrecht zu vergelten (5$_{39}$ f.), 8) das Gebot
des Gebens (5$_{42}$), 9) das Gebot der Feindesliebe mit den darauf
folgenden Sprüchen (5$_{44}$—$_{47}$), 10) das Verbot, die guten Werke
zur Schau zu tragen (6$_{11}$) die Sprüche vom Schätzesammeln
(6$_{19}$—$_{21}$), 12) das Logion von Sorgen (6$_{25}$—$_{28.\,31}$), 13) Trachtet
am ersten nach dem Reich Gottes (6$_{32\,b.\,33}$), 14) das Logion von
den falschen Propheten (7$_{15}$—$_{20}$), 15) von dem vergeblichen
Herr Herr sagen (7$_{21}$—$_{23}$). Hier hat J. offenbar ein Evangelium vorgelegen, das entweder ein Doppelgänger unsres kanonischen Matthäus-Evangeliums war, oder aber unser Matthäus
selbst, denn auch in den Stücken, von der die Kritik mit ge-
ringerer oder grösserer Wahrscheinlichkeit nachgewiesen, dass
sie erst durch den Redaktor des Matthäusevangeliums in die Bergpredigt hineingekommen (9—12. 14—15), geht J. mit Matthäus.
Wir können aber noch eine zweite Beobachtung machen.
J. schaltet sehr frei mit dem überkommenen Material. Er stellt
die einzelnen Logien, wie es ihm gerade passt, zu Gruppen zusammen. Stellenkonglomerate, wie die von Hilgenfeld S. 111 f.
unter h, i und o zusammengestellten, haben sicher in keinem
Evangelium gestanden. Von vornherein wird durch diese Beobachtungen unsre Hoffnung sehr eingeschränkt, dass wir hier

Logien bei J. finden könnten, die auf eine besondre Evangelienquelle deuten. Dennoch dürfte die Ernte eine grössere sein als wir erwarten.

I. I 16$_6$ περὶ δὲ τοῦ μὴ ὀμνύναι ὅλως τἀληϑῆ δὲ λέγειν ἀεί, οὕτως παρεκελεύσατο· μὴ ὀμόσητε ὅλως, ἔστω δὲ ὑμῶν τὸ ναὶ ναὶ καὶ τὸ οὒ οὔ · τὸ δὲ περισσὸν τούτων ἐκ τοῦ πονηροῦ.

Über dieses Logion handelt Resch in der Ztschr. für kirchl. L. u. kirchl. Wissensch. IX. 283 ff. in erschöpfender Weise. Zu den vielen Parallelen desselben, die R. dort anführt, wäre höchstens noch zu vergleichen Didymus fragm. ad. II Cor. II$_{23}$ [1]) περὶ τοῦ μὴ δεῖν ὀμνύναι ἀλλ' ἔχειν λόγον ἀκατάγνωστον περὶ τοῦ ναὶ ὡς ὄντως ναὶ καὶ τοῦ οὒ ὡς ὄντως ἔχοντος. Gekannt war das Logion in dieser Form — nach den Zusammenstellungen R.'s — von dem Verfasser der Klementinischen Homilien, Clemens Al., dem Verfasser der Konstitutionen, Ephraem, Gregorius Nyss. Cyrillus Al. Ferner zeigt Jac. 5$_{12}$, dass der Spruch schon in früher Zeit in dieser Form bekannt war, und vielleicht ist aus 2. Cor. 1$_{17\,b}$. $_{18}$ ersichtlich, dass Paulus schon mit ihr vertraut war. Ihrem inneren Gehalte nach unterscheidet sich diese Form des Herrenwortes von Mtth. 5$_{37}$ dadurch, dass neben dem Verbot des Schwörens das Gebot der Wahrhaftigkeit energischer betont wird. Holtzmann in seinem Handkommentar vermutet nun, dass Mtth. 5$_{37}$ das absolute Verbot des Schwörens aus einem Missverständnis eines ursprünglichen Herrenwortes entstanden sei, das sich nur gegen die pharisäisch-kasuistische Unterscheidung mehr- und minderwertiger Eide gerichtet. Zu einem solchen Gedanken würden nun die Worte „Euer Ja sei Ja, und das Nein Nein", sehr gut passen, während sie in den obigen Zusammenhang nicht recht hineingehören. Doch führen uns diese Beobachtungen nicht über die blosse Vermutung hinaus, dass wir hier Spuren eines ursprünglicheren Herrenwortes vor uns haben, als jenes, das Mtth. 5$_{33}$ ff. sich erhalten hat.

II. I 16^1. περὶ δὲ τοῦ ἀνεξικάκους εἶναι καὶ ὑπηρετικοὺς πᾶσι καὶ ἀοργήτους ἃ ἔφη ταῦτά ἐστιν. τῷ τύπτοντί σου τὴν σιαγόνα πάρεχε καὶ τὴν ἄλλην καὶ τὸν αἴροντά σου τὸν χιτῶνα ἢ τὸ ἱμάτιον μὴ κωλύσῃς. Ὃς δὲ ἂν ὀργισϑῇ ἔνοχός ἐστιν εἰς τὸ πῦρ, παντὶ δὲ ἀγγαρεύοντί σε μίλιον ἀκολούϑησον δύο.

Hier hat J. jedenfalls sehr frei citiert. Dass er das ὃς δὲ ἂν ὀργισϑῇ — πῦρ nicht in diesem Zusammenhang las, geht schon aus folgendem hervor. J. überschreibt diesen Abschnitt περὶ τοῦ ἀνεξικάκους εἶναι καὶ ὑπηρετικοὺς πᾶσι καὶ ἀοργήτους. Die ersten beiden Adjektiva beziehen sich nun auf Satz

---

[1]) Migne B. XXXIX. 1688.

1. 2 u. 4, diese Sätze standen also wahrscheinlich, als er jene Worte niederschrieb, in einem Zusammenhange vor seinen Augen. Gleichsam anhangsweise fügt er dann hinzu καὶ ἀοργήτους. Es fällt ihm ein, dass er hier jene Spruchreihe vom Zorne, die er bisher noch nicht benutzt, beifügen kann. Im Citate selbst hat er dann freilich die Spruchreihe durcheinander gewirrt.

Eine zweite Schwierigkeit bietet der Wortlaut τὸν χιτῶνα ἢ τὸ ἱμάτιον. Es ist unwahrscheinlich, dass J. hier selbst den Sinn dieser Stelle so zerstört haben sollte, als es hier geschehen. Otto möchte daher statt ἢ ein καί einsetzen (s. d. Anm. zu dieser Stelle). Ich halte diese Vermutung für annehmbar. Es würde dann ein Abschreiber, um die Konstruktionsschwierigkeit zu erleichtern, so geändert haben. Jedenfalls aber — ob nun J. schon oder ein Abschreiber hier geändert, scheint doch J. ein Text vorgelegen zu haben, in dem etwa stand ἀπὸ τοῦ αἴροντός σου τὸν χιτῶνα καὶ τὸ ἱμάτιον μὴ κωλύσῃς. Es wird sich empfehlen, hier zum Vergleich zwei Stellen heranzuziehen, die Harnack Texte und Untersuchungen II, S. 71 zusammengestellt.

Διδ. I 4. ἐάν τίς σοι δῷ ῥάπισμα εἰς τὴν δεξιὰν σιαγόνα στρέψον αὐτῷ καὶ τὴν ἄλλην (καὶ ἔσῃ τέλειος), ἐὰν ἀγγαρεύσῃ σέ τις μίλιον ἓν ὕπαγε μετ᾽ αὐτοῦ δύο, ἐὰν ἄρῃ τις τὸ ἱμάτιόν σου δὸς αὐτῷ καὶ τὸν χιτῶνα.

Aphrahat. Hom. 94 [1]). Wer dich auf den Backen schlägt, dem reiche auch den andern dar. Wer dich nötigt, dass du mit ihm gehest eine Meile, mit dem gehe zwei andre, und wer dir deinen Rock nehmen will, dem gieb auch deinen Mantel [2]).

Harnack vermutet, dass die Übereinstimmung zwischen Didache und Tatian sich nur durch Annahme einer gemeinsamen Quelle erklären liesse. H.'s Schluss verliert dadurch etwas an Zwingendem, dass wir das letzte von den vier Worten in dieser Gruppe abstreichen müssen (s. d. Anmerk.). Aber dennoch bleibt die Reihenfolge der Sätze immerhin bemerkenswert genug,

---

[1]) Nach der Übersetzung von G. Bert., Gebh. und Harn. Texte und Untersuch. B. III. H. 3—4. S. 149. Nach Zahn (Tatians Diatessaron § 17) hätten wir hier Worte aus Tatians Evangelienharmonie; in Ephraemi evangelji conc. expositio findet sich ebenfalls der Anfang dieser Stelle: qui percutit maxillam tuam, porrige ei et alteram partem.

[2]) Ein offenbarer Fehler ist es, wenn Harnack in diese Vergleichung auch noch den Spruch zieht, der in d. Διδαχή folgt: ἐὰν λάβῃ τις ἀπό σου τὸ σὸν μὴ ἀπαίτει. Denn es lässt sich in keiner Weise nachweisen, dass Aphrah. den Spruch: „wenn einer das Deine nimmt, fordre es nicht", unmittelbar in diesem Zusammenhang gelesen (s. Zahn a. a. O.). Man darf sich hier nicht durch die Zusammenstellung bei Zahn verleiten lassen, hier einen unmittelbaren Zusammenhang anzunehmen.

Did. wie A. ordnen a, b, c, während Matthäus und Lukas a und c zusammenordnen. Harnack vermutet nun, dass die Evangelienquelle, die hier beiden Schriften zu Grunde liege, eine Evangelienharmonie vor Tatian gewesen sein möge. Will man hier eine besondre Quelle annehmen, so dürfte man vielleicht auf eine Evangelienquelle schliessen, die im Vergleich zu unserm kanonischen Lukas ursprünglicher ist. In den Homilien des Aphrahat zeigt sich uns nämlich ein Text, der durchaus lukanisches Gepräge hat, daneben aber den Spruch, der sich jetzt nur im Matthäus findet (ἐὰν ἀγγαρεύσῃ σέ τις κ. τ. α.). Es liesse sich vermuten, dass Lukas diesen Spruch aus einer älteren Quelle erst deshalb ausgelassen, weil er seinen Lesern nicht mehr verständlich war. Ferner findet sich hier der Wortlaut: wer dir deinen Rock nehmen will, dem gieb auch deinen Mantel. So nur hat dieser Spruch Sinn und passt in den Gedankenzusammenhang hinein, in dem es sich um die Ermahnung handelt, dass man lieber ein noch grösseres Unrecht ruhig ertragen solle, als dass man um ein kleineres Streit beginne, — so nur läuft es genau parallel dem Logion, wie es bei Matthäus sich findet. Lukas nahm nun das Wort, wer dir deinen Rock nehmen will etc., in eigentlich sinnlicher Bedeutung und musste so, da es doch nicht angeht, dass jemand erst den Leibrock, dann den Mantel auszieht, die beiden Worte umdrehen, indem er so den eigentlichen Sinn verkehrte. Es kommt hinzu, dass der Wortlaut dieser Stelle sonst noch vielfach bei guten Zeugen mit dem obenerwähnten übereinstimmt. Ebenso lasen die Italakodices b. d. ff. ^{2}. g.^{1} l. q. (a: vestimentum — pallium), so las vielleicht auch Marcion (Tert. adv. Marc. IV$_{16}$ super tunicam pallium quoque cedi. ib. et non modo non retinendi tunicam sed et amplius et pallium concedendi ...; Irenaeus. adv. haer. IV. 13. 3; Tertullian (fuga 13. patient. 7. tunicam — pallium) Clemens Paedagogus III 12$_{92}$ [1]) (ἐὰν ἄρῃ σού τις τον χιτῶνα, μὴ κωλύσῃς καὶ τὸ ἱμάτιον) (307).

Wir haben oben gesehen, dass mit grosser Wahrscheinlichkeit anzunehmen ist, dass J. dieselbe Lesart in seinem Texte vorfand. Wir können ferner konstatieren, dass J. wie Aphrahat, in ihren Texten darin einander ausserordentlich nahe kommen, dass beide lukanisches Wortgepräge bieten und in beiden der Spruch, den wir jetzt nur noch im Matthäusevangelium lesen, hineingesprengt ist. Die Folge der einzelnen Sätze ist allerdings eine andre bei J., als in der Didache und bei Aphrahat. Hier liefen die Fäden zusammen, doch sind sie in der That zu

---

[1]) Anders Strom. IV 8$_{61}$. 591. IV 11$_{77}$. 598.

dünne, um zu einem sicheren Schluss auszuhalten, wir müssen uns mit einer gewissen Wahrscheinlichkeit begnügen.

Anhang. Diese Wahrscheinlichkeit kann jedoch durch die Beobachtung gesteigert werden, dass J. unmittelbar hinter dieser Spruchgruppe, einen Paralleltext zu Mtth. 5_{16} in eigentümlicher und bestimmt bezeugter Fassung bringt. λαμψάτω δὲ ὑμῶν τὰ καλὰ ἔργα ἔμπροσθεν τῶν ἀνθρώπων, ἵνα βλέποντες θαυμάζωσι τὸν πατέρα ὑμῶν τὸν ἐν τοῖς οὐρανοῖς.

Dazu sind folgende Parallelen bemerkenswert:

Clem. Al. Strom. III 4_{36} [1]). τὰ ἀγαθὰ ὑμῶν ἔργα λαμψάτω. ib. IV 26_{171} [2]), λαμψάτω γάρ σου τὰ ἔργα. Sehr bemerkenswert ist es, dass Clemens an letzterer Stelle in unmittelbarem Zusammenhang einen Spruch bringt, von dem Resch [3]) nachweist, dass es ein verloren gegangenes Herrenwort sei. Tertullian liest Cult. cap. 13: Luceant opera vestra, ebenso idolol. 15. Origenes in. Joan. II 1 [4]). τὸ λάμπειν αὐτοῦ τὰ ἔργα ἔμπροσθεν τῶν ἀνθρώπων ib. II 28 [5]). ὧν λάμπει τὰ ἔργα ἔμπροσθεν τῶν ἀνθρώπων. Exhortatio ad mart. 18_6 [6]). λαμψάντων αὐτῶν τῶν καλῶν ἔργων ἔμπροσθεν τῶν ἀνθρώπων.

Jedenfalls zeigen diese Parallelen, dass wir es hier mit einem schriftlich fixierten Text zu thun haben. Doch ist der Umfang der Variante nicht derart, dass sie es unmöglich machen würde, dass man sich hier mit dem Rekurs auf einen vorkanonischen Text behülfe. — Glücklicherweise können wir bei andern Stellen zu grösserer Sicherheit kommen.

II. Ich stelle bei der nun folgenden Spruchgruppe sofort alle in Betracht kommenden Stellen zusammen.

I 15^{14}. ἐγὼ δὲ ὑμῖν λέγω · εὔχεσθε ὑπὲρ τῶν ἐχθρῶν ὑμῶν — ἀγαπᾶτε τοὺς μισοῦντας ὑμᾶς — καὶ εὐλογεῖτε τοὺς καταρωμένους ὑμῖν — καὶ εὔχεσθε ὑπὲρ τῶν ἐπηρεαζόντων ὑμᾶς.

D. 133^{13}. (Χριστοῦ ... παραγγείλαντος ἡμῖν) εὔχεσθαι καὶ ὑπὲρ τῶν ἐχθρῶν καὶ ἀγαπᾶν τοὺς μισοῦντας καὶ εὐλογεῖν τοὺς καταρωμένους [7]).

---

[1]) S. 527.
[2]) S. 642.
[3]) A. a. O. Logion 61, S. 133. 265.
[4]) Lommatzsch I. 90.
[5]) Ib. I 154.
[6]) Ib. XX 258.
[7]) Cf. I 14^8 καὶ ὑπὲρ τῶν ἐχθρῶν εὐχόμενοι καὶ τοὺς ἀδίκως μισοῦντας πείθειν πειρώμενοι (cf. D. 18^5), dagegen D. 85^{25} Ἰησοῦς ἐκέλευσεν ἀγαπᾶν καὶ τοὺς ἐχθρούς, hingegen wiederum D. 35^{23} εὔχεσθαι ὑπὲρ τῶν ἐχθραινόντων.

Ps. Clem. Hom. III 19. *καὶ ὅμως ἠγάπα καὶ τοὺς μισοῦντας καὶ ἔκλαιε τοὺς ἀπειθοῦντας καὶ εὐλόγει τοὺς λοιδοροῦντας, ηὔχετο ὑπὲρ ἐχθραινόντων* [1]) (Lagarde 41,20).

Ib. Hom. XII 32 [2]. *δίκαιος πειρᾶται (καὶ ἐχθροὺς ἀγαπᾶν καὶ λοιδοροῦντας εὐλογεῖν) ἔτι μὴν καὶ ὑπὲρ ἐχθρῶν εὔχεσθαι* [3]). *ἀδικοῦντας ἐλεᾷ*.

Didaskalia V₁₅. *διὰ τοῦτο καὶ ἐν τῷ εὐαγγελίῳ προείρηκα · προσεύχεσθε ὑπὲρ τῶν ἐχθρῶν ὑμῶν καὶ μακάριοι οἱ πενθοῦντες περὶ τῆς τῶν ἀπίστων ἀπωλείας*.

Διδ. I₃. *εὐλογεῖτε τοὺς καταρωμένους ὑμῖν καὶ προσεύχεσθε ὑπὲρ τῶν ἐχθρῶν ὑμῶν, νηστεύετε δὲ ὑπὲρ τῶν διωκόντων ὑμᾶς* [4]) . . . . . *ὑμεῖς δὲ ἀγαπᾶτε τοὺς μισοῦντας ὑμᾶς* [5]).

Dass allen diesen Stellen ein gemeinsamer Text mit bestimmt ausgeprägter Eigentümlichkeit zu Grunde liegt, lässt sich gar nicht läugnen, besonders da wir es hier mit lauter Schriften zu thun haben, bei denen wir besondre Evangelienquellen voraussetzen können. Versuchen wir nun den Text zu rekonstruieren. Die durchgehende Eigentümlichkeit dieser, wie der Augenschein zeigt, überall sehr frei citierten Satzgruppen, besteht darin, dass sie ohne Ausnahme *εὔχεσθε (προσεύχεσθε) ὑπὲρ τῶν ἐχθρῶν ὑμῶν* haben. Bemerkenswert ist hier besonders noch der Text von Hom. XII 32 (s. o.). Hier steht der kanonische Text mit dem Stichwort *ἐχθροὺς ἀγαπᾶν* neben unserm ausserkanonischen „*ἔτι μὴν καὶ ὑπὲρ αὐτῶν εὔχεσθαι*". An diesen Satz schloss sich wahrscheinlich der andre *ἀγαπᾶτε τοὺς μισοῦντας ὑμᾶς*; in diesem Wortlaut findet er sich bei J. (zweimal), den Klementinischen Homilien und der Didache. Dann findet sich als dritter Satz *εὐλογεῖτε τοὺς καταρωμένους* (*ὑμῖν*) J. *Διδ*. = *τοὺς λοιδοροῦντας* (Ps. Clemens zweimal) [6]). Dürften wir hier eine Quelle annehmen, die allen genannten Schriften schon in wörtlicher Fixierung vorgelegen, dann möchte ich dem

---

[1]) *Καὶ οὐ μόνον ταῦτα ἐποίει ὡς πατὴρ ἀλλὰ καὶ τοῖς αὑτοῦ μαθηταῖς . . . τὰ ὅμοια ποιεῖν ἐδίδασκεν*.

[2]) 132, 3.

[3]) Epitome *καὶ τοὺς ἐχθροὺς ἀγαπᾶν ἔτι μὴν καὶ ὑπὲρ αὐτῶν εὔχεσθαι καὶ τοὺς λοιδοροῦντας εὐλογεῖν*.

[4]) Cf. Didask. V 12 *διὰ τοῦτο ὅταν νηστεύητε προσεύχεσθε περὶ τῶν ἀπολλυμένων*.

[5]) Origenes expositio in proverb. XXIV 8. Migne VII 228 *καὶ γὰρ ὁ κύριος ἐν τοῖς εὐαγγελίοις νενομοτέθηκεν εὔχεσθαι ὑπὲρ τῶν ἐχθρῶν ἡμῶν ἤγουν τῶν ἀνθρώπων* (cf. Const. ap. VIII₁₀ *ὑπὲρ ἐχθρῶν καὶ μισούντων ἡμᾶς ἐνθῶμεν, ὑπὲρ τῶν διωκόντων ἡμᾶς διὰ τὸ ὄνομα τοῦ κυρίου δεηθῶμεν* (246,15) Clemens Al. Strom. VII 14,84. 883 *εὔχεσθαι ὑπὲρ τῶν ἐχθρῶν*.

[6]) Denn die Umstellung der Worte, die wir in der Epitome vorfinden, macht wahrscheinlich, dass sie zu dem Satzgefüge gehörten, das mit *εὔχεσθε ὑπὲρ τῶν ἐχθρῶν* begann.

Wortlaut der Pseudoklementinen den Vorzug geben [1]) und vermuten, dass bei J. und der Didache schon der Wortlaut des kanonischen Textes eingedrungen sei. Doch wage ich in diesen Fragen nicht zu entscheiden [2]). Vielleicht führen nun auch die folgenden Worte ἔκλαιε τοὺς ἀπειθοῦντας (Hom.) = μακάριοι οἱ πενθοῦντες περὶ τῆς τῶν ἀπίστων ἀπωλείας (Didask.) = ὅταν νηστεύετε προσεύχεσθε περὶ τῶν ἀπολλυμένων (ib.) = νηστεύετε ὑπὲρ τῶν διωκόντων ὑμᾶς auf ein gemeinsames Quellenwort zurück. Doch würde uns die Verfolgung dieser Spuren zu weit führen, denn J. hat dieses Wort nicht. — J. stimmt nun in den drei Worten mit dem jetzt rekonstruierten Text überein. Daneben hat er in der Apologie ein viertes „εὔχεσθε ὑπὲρ τῶν ἐπηρεαζόντων ὑμᾶς". Schon die Wiederholung des εὔχεσθε, wie die Weglassung dieses Satzes im Dial. beweisen, dass dieses Citat nicht aus derselben Quelle J.'s stammt sondern aus Lukas eingedrungen ist. So sind wir hier bei J. auf ein Evangelienfragment gestossen, das bei entschieden synoptischem Wortgepräge, doch einen gegenüber unsern kanonischen Synoptikern selbständigen und ganz eigentümlichen Wortlaut bietet. Können wir nun dessen Stellung zu unsern Synoptikern näher bestimmen? Eine Vermutung glaube ich, könnten wir wagen. Der Matthäus-Text erweist sich als der spätere, da in ihm die Feinde, die man zu beten hat, näher als die Verfolger specialisiert werden. Das Evangelium des Matthäus ist wahrscheinlich in einer Zeit endgültig redigiert, in der die Gefahr von Christenverfolgungen alle Gemüter beherrschte; Ausführungen über Verfolgung sind ja bei ihm überall eingedrungen, in die Parusierede und auch hier. Lukas aber zeigt sich wiederum abhängig von Matthäus, er beginnt, wie mit dem ἀγαπᾶτε τοὺς ἐχθροὺς und schliesst ebenfalls mit dem Gebot des Betens für die Verfolger, fügt aber einige Sprüche aus der Quelle, die Matthäus kürzer zusammengezogen, wieder ein.

Nachdem wir aber hier nun einmal einen eigentümlichen Text festgestellt, wird auch die Einleitung des Spruches von hoher Bedeutsamkeit. Sie lautet I 15 [12]. περὶ δὲ τοῦ στέργειν ἅπαντας ταῦτα ἐδίδαξεν · εἰ ἀγαπᾶτε τοὺς ἀγαπῶντας ὑμᾶς, τί καινὸν ποιεῖτε; καὶ γὰρ οἱ πόρνοι τοῦτο ποιοῦσιν.

Hier fällt zunächst das Stichwort τί καινὸν ποιεῖτε auf,

---

[1]) Z. vergl. 2. Cor. 4$_{12}$ λοιδορούμενοι εὐλογοῦμεν 1. Petr. 2$_{23}$ λοιδορούμενος οὐκ ἀντελοιδόρει.
[2]) Da καταρωμένους ὑμῖν erst Lesart späterer Handschr. ist, so wäre bei J. und in der Did. vielleicht auch eine Textüberarbeitung zu vermuten. Doch wird sie unwahrscheinlich, da J. das καταρωμένους auch im D. wiederholt.

das sich bei J. I 15 15 wiederholt, das er also wahrscheinlich auch aus seiner hier schon erwiesenen eigentümlichen Quelle geschöpft haben wird. Lukas hat in den verwandten Stellen ποία ὑμῖν χάρις ἐστίν, Matthäus einmal τίνα μισϑὸν ἔχετε, einmal τί περισσὸν ποιεῖτε. Credner ¹) hat in sehr geistreicher Weise die Vermutung ausgesprochen, dass die verschiedenen Varianten sich darauf zurückführen liessen, dass im aramäischen Urtext gestanden לכון חסדא מה = ποία χάρις ὑμῖν oder τίνα μισϑὸν ἔχετε, das verlesen sei in לכון חדתא מה = τί καινὸν ποιεῖτε. Dennoch kann ich seine Ausführungen nicht für überzeugend halten. Der specifisch lukanisch-paulinische Wortgebrauch, ποία χάρις ὑμῖν, führt sicher auf kein aramäisches Quellenwort zurück, und J.'s τί καινὸν ποιεῖτε findet seine unmittelbare Parallele in dem τί περισσὸν ποιεῖτε des Matthäus 5 47. Die Worte τί περισσὸν πνιεῖτε haben je und je den Exegeten besondre Schwierigkeiten gemacht. Liegt in ihnen nicht die Idee einer überschüssigen Werkleistung? Aus der Vergleichung von Lk. 6 35, Mtth. 19 21 und andern Stellen mit ihren Parallelen, aus den Herrensprüchen der Didache ersehen wir, wie frühzeitig in Herrenworte untersittliche Anschauungen hineingetragen sind. Könnte das nicht auch hier der Fall gewesen sein, indem das τί καινὸν ποιεῖτε in ein τί περισσὸν ποιεῖτε verwandelt wurde? Es will uns freilich verwunderlich dünken, dass der Herr die Gebote, die er seinen Jüngern gegeben, mit dem Stichwort eingeführt hätte τί καινὸν ποιεῖτε, aber doch wohl nur deshalb, weil uns einmal die grosse Bergpredigt des Herrn im judaistischen Gewande überliefert ist. Schon lange haben eine ganze Reihe von Kritikern erkannt, dass wir die jetzige Gestaltung der Bergpredigt bei Matthäus der Hand eines Redaktors zu verdanken haben, dem es daran lag, nachzuweisen, dass Jesus Christus gekommen sei, Gesetz und Propheten nicht aufzulösen, sondern zu erfüllen. Und den echten Wiederhall, den Jesu Predigt in den Herzen der Zuhörer gefunden, berichtet uns noch Mk. 1 27: τί ἐστιν τοῦτο; διδαχὴ καινή ²).

Wie genau passt ferner das „εἰ ἀγαπᾶτε τοὺς ἀγαπῶντας ὑμᾶς zu dem folgenden ἀγαπᾶτε τοὺς μισοῦντας ὑμᾶς ³).

---

¹) A. a. O. S. 223.
²) Denn so ist zu interpunktieren. Die Rede wird unendlich bewegter, wenn man das κατ' ἐξουσίαν zum folgenden zieht.
³) Zu bemerken ist hier der Wortlaut der Διδ. (a. a. O.) ποία γὰρ χάρις ἐὰν ἀγαπᾶτε τοὺς ἀγαπῶντας ὑμᾶς; οὐχὶ καὶ τὰ ἔϑνη τὸ αὐτὸ ποιοῦσιν; ὑμεῖς δὲ ἀγαπᾶτε τ. μισοῦντας ὑμᾶς. Ev. sec. Aeg. οὐ χάρις ὑμῖν εἰ ἀγαπᾶτε τοὺς ἀγαπῶντας ὑμᾶς, ἀλλὰ χάρις ὑμῖν εἰ ἀγαπᾶτε τοὺς ἐχϑροὺς καὶ τοὺς μισοῦντας ὑμᾶς.

Auch den folgenden Wortlaut scheint J. aus seiner Quelle entlehnt zu haben (καὶ γὰρ οἱ πόρνοι τοῦτο ποιοῦσιν). J. geht hier mit Matthäus (wie er auch in der andern gleich zu besprechenden Stelle τελῶναι bietet), indem er πόρνοι bietet. Denn πόρνοι entspricht offenbar dem Ausdruck des Matthäus οἱ ἐθνικοί, während Lukas diese harten Ausdrücke überall in ἁμαρτωλοί verallgemeinert [1]).

Anhang: Dicht hinter diesem Spruch folgt Apol. I 15 [15] der andre:

παντὶ τῷ αἰτοῦντι δίδοτε καὶ τὸν βουλόμενον δανείσασθαι μὴ ἀποστραφῆτε. εἰ γὰρ δανείζετε, παρ᾽ ὧν ἐλπίζετε λαβεῖν, τί καινὸν ποιεῖτε, τοῦτο καὶ οἱ τελῶναι ποιοῦσιν.

Den ersten Teil des Spruches hat nur Matthäus vollständig, den zweiten nur Lukas, beim dritten geht J. wieder mit Matthäus. Es lässt sich ferner nachweisen, dass Lukas in seiner Quelle auch einen Matth. 5,42 b. entsprechenden Spruch gelesen haben muss, wie sollte er sonst zu der Ausführung 6,34 kommen. Aber auch Lk. 6,34 muss in der Quelle des Lk. gestanden haben. Denn es ist nicht denkbar, dass Lk. aus freien Stücken die weitere Ausführung eines Logions hätte bringen können, das er selbst weiter oben fortgelassen [2]). Durch eine Vergleichung von Matthäus und Lukas werden wir also auf eine Quelle geführt, in der jene beiden Satzteile standen, die wir auch bei J. zusammenfinden. Unmöglich wäre es ja nun an und für sich nicht, dass J. hier aus Matthäus und Lukas zusammengeschrieben haben könnte und dabei einen ursprünglicheren Text wiederhergestellt hätte. Aber überwiegend wahrscheinlich wird im Zusammenhang mit der vorigen Ausführung die Annahme, dass J.'s Text hier direkt auf seine vorkanonische Quelle zurückführt.

Diese Vermutung wird nun auch noch von einer andern Richtung her bestätigt. J. liest παντὶ τῷ αἰτοῦντι, während Matth. und Luk., letzterer wenigstens den besten Handschr. nach, τῷ αἰτοῦντι lesen. Dasselbe liest nun auch die Διδ. I 6 in einem Zusammenhang, in dem sie noch mehrere ausserkanonische Herrensprüche bringt (s. Resch a. a. O., Logion 35 und Nachtrag 17, S. 288). Cassiodor, der (expositio in Psalm 40, Migne Patrol. lat. T. 70, p. 295) als ein zweiter Zeuge für eines der charakteristischen Herrenworte, die in Διδ. I überliefert sind,

---

[1]) Bemerkenswert ist, dass Mtth. 5,46 Italakodices und Vulgata τοῦτο statt τὸ αὐτό lesen, ferner Lk. 6,33 lesen A. D. it pler vlg. καὶ γάρ statt καί; D. a. ff.². 1. d. vlg. τοῦτο statt τὸ αὐτό (s. Tischendorf).

[2]) Ausgefallen ist offenbar dieser Spruch in Luk. 6,30. Hier schob Lk. sein: „ἀπὸ τοῦ αἴροντος τὰ σὰ μὴ ἀπαίτει", ein, ein Wort das in den Zusammenhang nicht passt und in die Satzgruppe Lk. 6,29 gehört, wo wir den Satz auch Διδ. I,4 finden.

eintritt (s. Resch S. 288), las ebenfalls *παντὶ τῷ αἰτοῦντι* (omni petenti te). Clemens hat diese Variante durchweg Strom. III 4₂₇. III 6₅₄ quis div salv. 31. Cyprian Testimonia III₁ (Hartel 1₁₁₁) liest omni te petenti in einem Citat, das Matthäus 5₄₂ entspricht, wo keine Handschr. diese Variante bietet. In der Lukasstelle treten A. D für diese Lesart ein, doch dürfte hier der oben (S. 49 u.) festgestellte Kanon seine Anwendung finden [1]).

Endlich ist auch der Ausdruck *τί καινὸν ποιεῖτε*, der hier wiederkehrt, wiederum als Instanz für die Annahme einer ursprünglichen Quelle zu verwerten. Leider reicht nun der Umfang der Evangelienfragmente J.'s, die wir sicher als solche erkannt haben, nicht aus, um über ihre gegenseitige Stellung zu einander einen bestimmten Schluss zu gestatten. Zu vermuten wäre es, dass bei jedem „neuen" Gebote Jesu, die Begründung, die in dem *τί καινὸν ποιεῖτε* gipfelt, unmittelbar dabei gestanden hätte, wie wir es bei J. finden, und Matthäus 5₄₅ f. und ihm nach Lukas 6₃₂—₃₅ die verschiedenen Sätze erst in einen zusammengezogen hätten. Doch können wir hier in der That kaum irgendwelche Vermutungen aufstellen.

III. Bis zu einer gewissen Wahrscheinlichkeit können wir auch bei folgenden Stellen kommen:

I 15¹⁹	D. 96⁹
γίνεσθε δὲ χρηστοί	*γίνεσθε χρηστοὶ*
καὶ οἰκτίρμονες,	*καὶ οἰκτίρμονες*
ὡς καὶ ὁ πατὴρ ὑ-	*ὡς καὶ ὁ πατὴρ*
μῶν χρηστός ἐστι καὶ	*ὑμῶν ὁ οὐράνιος.*
οἰκτίρμων	*καὶ γὰρ τὸν παντοκράτορα*
	θεὸν χρηστὸν καὶ οἰκτίρμονα
	ὁρῶμεν
καὶ τὸν ἥλιον αὐτοῦ	*τὸν ἥλιον αὐτοῦ ἀνα-*
ἀνατέλλει ἐπὶ ἁμαρ-	*τέλλοντα ἐπὶ ἀχαρίστους*
τωλοὺς καὶ δικαίους	*καὶ δικαίους καὶ βρέ-*
καὶ πονηρούς	*χοντα ἐπὶ ὁσίους καὶ*
	πονηρούς.

Der Augenschein lehrt, wie frei J. den Wortlaut seiner Citate behandelt, wie er aber doch schon einen ganz bestimmt fixierten Text voraussetzt. Wenn wir die Citate unter einander vergleichen, so scheint J. im D. sich genauer an seinen Text anzuschliessen, es könnte aber auch sein, dass in der zweiten Hälfte des Citats der Apologie eine Textverderbnis verläge.

---

[1]) Dem entspräche, dass auch die Lesart *ἀπολαβεῖν* in die Handschrift ADЄH eingedrungen ist (Lk. 6₃₄), während die ursprüngliche Lesart *λαβεῖν* ist.

Doch stellen wir nun zunächst die Parallelen zusammen, die die Citate der Kirchenväter zu J.'s Text bieten.

Ps. Clemens III 57 [1]) γίνεσθε ἀγαθοὶ καὶ οἰκτίρμονες ὡς ὁ πατὴρ ὁ ἐν τοῖς οὐρανοῖς ὃς ἀνατέλλει τὸν ἥλιον ἐπ' ἀγαθοὺς καὶ πονηροὺς καὶ φέρει τὸν ὑετὸν ἐπὶ δικαίους κ. ἀδίκ.

Hilarius in Ps. 118 [2]) estote boni sicut Pater vester qui est in coelis qui solem suum oriri facit super bonos et malos etc.

Epiphanius haer. 66$_{22}$ [3]) ἔφη γίνεσθε ἀγαθοὶ ὡς ὁ πατὴρ ὑμῶν ὁ οὐράνιος ὅτι ἀνατέλλει τὸν ἥλιον αὐτοῦ ἐπὶ δικαίους καὶ ἀδίκους καὶ βρέχει αὐτοῖ τὸν ὑετὸν ἐπὶ πονηροὺς καὶ ἀγαθούς [4]).

Die Manichäer [5]) bei Augustin c. Adimant. 7$_1$ u. $_3$ estote benigni sicut pater vester coelestis qui solem suum etc. [6]).

Zu der ersten Hälfte des Spruches wäre zu vergleichen:

Clemens Al. Strom. II 19$_{100}$ [7]) „γίνεσθε" φησὶν ὁ κύριος, „ἐλεήμονες καὶ οἰκτίρμονες ὡς ὁ πατὴρ ὑμῶν ὁ οὐράνιος οἰκτίρμων ἐστίν".

Origenes Selecta in Psalm 38. Hom. II$_1$ si misericors es, sicut pater tuus coelestis misericors est.

Ps. Athanasius [8]) Quaestiones ad. Antiochum 89. γίνεσθε οἰκτίρμονες καὶ ἀγαθοὶ ὡς ὁ πατὴρ ὑμῶν ὁ ἐν τοῖς οὐρανοῖς. Makarius (Hom. 19$_2$ de custodia cordis 13) γίνεσθε ἀγαθοὶ καὶ χρηστοὶ καθὼς καὶ ὁ Πατὴρ ὑμῶν ὁ οὐράνιος οἰκτίρμων ἐστίν [9]).

Für die zweite Hälfte des Spruches ist zu vergleichen:

Naassener ap. Hippolyt. Philos. V 7 [10]) ὃς ἀνατέλλει τὸν

---

[1]) S. 52$_3$.
[2]) Littera VIII 18. S. 330.
[3]) S. 639.
[4]) Epiphan. ib. 33$_{10}$. 226. ὅμοιοι γένεσθε τῷ πατρὶ ὑμῶν τῷ ἐν τοῖς οὐρανοῖς, ὅτι ἀνατέλλει τὸν ἥλιον αὐτοῦ ἐπὶ ἀγαθοὺς κ. πονηροὺς καὶ βρέχει ἐπὶ δικαίους καὶ ἀδίκους. Dazu Irenaeus adv. haer. IV 14$_2$ tuam bonitatem perficias configurans temetipsum patri, qui solem suum oriri facit.
[5]) Cf. Zahn a. a. O., S. 554.
[6]) Zu vergleichen ist auch noch Origenes περὶ ἀρχῶν II 4$_7$. L. 21$_{166}$ estote perfecti sicut et pater vester coelestis, qui solem suum oriri jubet. (conf. Ps. Basilius de hom. struct. Or. I 20 (I 334) und in Jes. I 23$_{51}$ (I 418)).
[7]) S. 482.
[8]) Bei Migne Athanasius IV 653.
[9]) Ambrosiaster in Ep. ad Eph. IV 32 (III 245) estote misericordes, ut similes sitis patris vestri qui in coelis est.
[10]) Bei Migne Origenes Tom. VI P. 3, S. 3135.

ἥλιον αὐτοῦ ἐπὶ δικαίους καὶ ἀδίκους καὶ βρέχει ἐπὶ ὁσίους καὶ ἁμαρτωλούς [2]).

Es steht jedenfalls fest, dass als Grundlage fast aller der hier zusammengestellten eigentümlichen Citate ein schriftlich fixierter Text angenommen werden muss. Es ist unmöglich, dass Justin, der Verfasser der Pseudoklementinischen Homilien, Hilarius, Epiphanius (Irenaeus), alle auf denselben Gedanken hätten kommen können, Matth. 5,45 und Luk. 6,36 in obiger Weise zusammenzumischen. Aber die Möglichkeit eines vorkanonischen Textes könnte hier allenfalls in Betracht kommen. Denn die Bekanntschaft des Hilarius, wie der Manichäer bei Augustin mit diesem Text, lässt sich nur so erklären, dass wir annehmen, es habe derselbe in einigen Italahandschr. etwa bei Luk. 6,36 gestanden. Dagegen spricht wiederum die Bekanntschaft von Ps. Clemens und Epiphanius mit demselben mehr dafür, dass dieses Logion ursprünglich in einer eigentümlichen Quelle gestanden, wie denn auch seine weite Verbreitung bei gänzlichem Fehlen in unsern Handschriften ein eigentümliches Rätsel bieten würde.

Aber wir können noch einen Schritt weiter zurückgehen. Ephes. 4,32 heisst es γίνεσθε δὲ εἰς ἀλλήλους χρηστοὶ εὔσπλαγχνοι χαριζόμενοι ἑαυτοῖς καθὼς καὶ ὁ Θεὸς ἐν Χριστῷ ἐχαρίσατο ἡμῖν. Schon Resch (S. 217) hat auf die Parallele, die sich zu unserm Logion hier bietet hingewiesen:

Eph 4,32 γίνεσθε — χρηστοὶ εὔσπλαγχνοι, Ps. Clem. γίνεσθε ἀγαθοὶ καὶ οἰκτίρμονες, J. (zweimal) γίνεσθε χρηστοὶ κ. οἰκτίρμονες. Dazu wäre noch Clemens Al. zu vergleichen γίνεσθε ἐλεήμονες κ. οἰκτίρμονες. Da nun der Verfasser des Epheserbriefs in diesem Zusammenhang sich durchweg, wie Resch nachgewiesen hat (Logion 33—36), von Herrenworten abhängig erweist, so können wir mit Wahrscheinlichkeit schliessen, dass er auch hier ein Herrenwort und zwar das unsrige vor Augen hat. Klingt doch die ganze Ermahnung, dass wir barmherzig sein und einander verzeihen sollen, wie Gott uns in Christo verziehen hat, als ein Wiederhall unsres Herrenwortes.

Richten wir nun auf die Parallelstelle Lk. 6,36 unsern Blick, so bemerken wir, dass diese Stelle hier scheinbar überflüssig steht, die Ermahnung zur Feindesliebe erscheint mit 6,35 vollständig abgeschlossen. Dagegen einen sehr guten Sinn gewinnt das Wort, wenn wir es zum folgenden ziehen, trotzdem Lk. selbst V. 37 mit einem καὶ beginnt. Seid barmherzig, wie euer

---

[1]) Gregor v. Nazianz, Or. 14,25. I 274: ὃς βρέχει ἐπὶ δικαίους καὶ ἁμαρτωλοὺς ἀνατέλλει δὲ πᾶσιν ὁμοίως τὸν ἥλιον. Didymus de trinitate I 26 ἀνατέλλων τὸν ἥλιον ἐπὶ δικαίους καὶ ἁμαρτωλούς.

Vater barmherzig ist, richtet nicht auf, dass ihr nicht gerichtet werdet. Sollte etwa Lk. diesen Zusammenhang in seiner Quelle vorgefunden haben? Diese Vermutung bestätigt sich durch einen Blick auf Matthäus. Lassen wir dort das sechste Kapitel weg, von dem anzunehmen ist, dass es erst durch den Redaktor des Matthäusevangeliums in die Bergpredigt hineingebracht ist, so erhalten wir Matth. 5 $_{45}$. 7$_1$., denselben Zusammenhang, den wir bei Lukas vermuteten.

Wie, wenn unser Logion in einem solchen Zusammenhang gestanden hätte? Seid gut und barmherzig, wie euer Vater im Himmel es ist, welcher seine Sonne aufgehen lässt über Gerechte und Sünder und regnet über Heilige und Böse. Richtet nicht und ihr werdet nicht gerichtet werden. Das ergäbe einen vortrefflichen Sinn; das Vorbild des himmlischen Vaters, der seine Sonne scheinen lässt über Gute und Böse, passt eigentlich noch besser zur Ermahnung der Barmherzigkeit, als zur Ermahnung zur Feindesliebe.

Doch ob nun die letzten Bemerkungen zu Recht bestehen mögen oder nicht, so dürfte doch mit grosser Wahrscheinlichkeit geschlossen werden, dass wir hier einen eigentümlichen und dem unsrer Synoptiker gleichartigen Text vor uns haben. So gewinnen auch die andern kleineren Eigentümlichkeiten unsres Textes an Wert. Vor allem bemerkenswert ist hier, dass wir an vier Stellen von den sechsen, die den Text in vollständigem Zusammenhang bieten, lesen „$\dot{o}$ $\pi\alpha\tau\dot{\eta}\varrho$ $\dot{o}$ $o\dot{v}\varrho\acute{\alpha}v\iota o\varsigma$" (bei J. nur im Dial.) oder dem ähnliches. Aber auch sonst kehrt dieser Ausdruck in den angeführten Stellen überall wieder (s. besonders Clemens Al. Makarius Ps. Athanasius). Es wird sich im Laufe der Untersuchung zeigen, dass die Ausdrücke $\beta\alpha\sigma\iota\lambda\varepsilon\acute{\iota}\alpha$ $\tau\tilde{\omega}v$ $o\dot{v}\varrho\alpha v\tilde{\omega}v$, $\dot{o}$ $\pi\alpha\tau\dot{\eta}\varrho$ $\dot{o}$ $o\dot{v}\varrho\acute{\alpha}v\iota o\varsigma$ in der Evangelienquelle J.'s sehr häufig gebraucht sind. Hier haben wir den ersten Fall von vielen, in denen J. diesen Ausdruck, der von unsern Synoptikern nur dem Matthäus eigen, bei sonstigem scheinbar lukanischem Wortgepräge bringt. Auf die Eigentümlichkeiten in der zweiten Hälfte unsres Logions soll kein besonderes Gewicht gelegt werden. Wenn wir annehmen dürften, dass das $\dot{\alpha}\chi\alpha\varrho\acute{\iota}\sigma\tau ov\varsigma$ im Dialog aus Lukas eingedrungen sei und dass in der Apologie nach $\delta\iota\varkappa\alpha\acute{\iota}ov\varsigma$ die Worte $\varkappa\alpha\grave{\iota}$ $\beta\varrho\acute{\varepsilon}\chi\varepsilon\iota$ $\dot{\varepsilon}\pi\grave{\iota}$ $\dot{o}\sigma\acute{\iota}ov\varsigma$ per Homoioteleuton ausgefallen, so würden wir etwa auf einen Text stossen, der gelautet haben möchte: $\tau\grave{o}v$ $\ddot{\eta}\lambda\iota ov$ $\alpha\dot{v}\tau o\tilde{v}$ $\dot{\alpha}v\alpha\tau\acute{\varepsilon}\lambda\lambda\varepsilon\iota$ $\dot{\varepsilon}\pi\grave{\iota}$ $\dot{\alpha}\mu\alpha\varrho\tau\omega\lambda o\grave{v}\varsigma$ $\varkappa\alpha\grave{\iota}$ $\delta\iota\varkappa\alpha\acute{\iota}ov\varsigma$ $\varkappa\alpha\grave{\iota}$ $\beta\varrho\acute{\varepsilon}\chi\varepsilon\iota$ $\dot{\varepsilon}\pi\grave{\iota}$ $\dot{o}\sigma\acute{\iota}ov\varsigma$ $\varkappa\alpha\grave{\iota}$ $\pi ov\eta\varrho o\acute{v}\varsigma$. Doch findet sich zu diesen Worten keine genaue Parallele, auch das Citat aus Hippolyt kommt dem Justinschen nur etwas näher.

V. D. 93 lesen wir bei J. $\varkappa\alpha\grave{\iota}$ $\dot{o}$ $\tau\grave{o}v$ $\pi\lambda\eta\sigma\acute{\iota}ov$ $\dot{\omega}\varsigma$ $\dot{\varepsilon}\alpha v\tau\grave{o}v$ $\dot{\alpha}\gamma\alpha\pi\tilde{\omega}v$, $\ddot{\alpha}\pi\varepsilon\varrho$ $\alpha\dot{v}\tau\tilde{\omega}$ $\beta o\acute{v}\lambda\varepsilon\tau\alpha\iota$ $\dot{\alpha}\gamma\alpha\vartheta\grave{\alpha}$ $\varkappa\dot{\alpha}\varkappa\varepsilon\acute{\iota}v\omega$ $\beta ov\lambda\acute{\eta}\sigma\varepsilon\tau\alpha\iota$.

ταῦτ' οὖν τῷ πλησίον καὶ εὔξαιτ' ἂν καὶ ἐργάσαιτο γενέσθαι,
ἅπερ καὶ ἑαυτῷ, ὁ τὸν πλησίον ἀγαπῶν. πλησίον δὲ ἀνθρώπου οὐδὲν ἄλλο ἐστίν, ἢ τὸ ὁμοιοπαθὲς καὶ λογικὸν ζῶον,
ὁ ἄνθρωπος.
Damit vergleiche man:
Ps. Clemens. Hom. XII 32.[1]) ὁ γὰρ τὸν πλησίον ἀγαπῶν
ὡς ἑαυτὸν . . . . . ὡς θέλει κολακεύεσθαι καὶ εὐλογεῖσθαι καὶ
τιμᾶσθαι καὶ πάντα τὰ ἁμαρτήματα αὐτῷ συγχωρεῖσθαι,
τοῦτο αὐτὸς τῷ πλησίον ποιεῖ, ὡς ἑαυτὸν ἐκεῖνον ἀγαπῶν.
ἑνὶ λόγῳ ὃ θέλει ἑαυτῷ, θέλει καὶ τῷ πλησίον. οὗτος γὰρ
ἐστι θεοῦ νόμος καὶ προφητῶν, αὕτη τῆς ἀληθείας ἡ διδασκαλία.
Hom. VII₄ ἅπερ ἕκαστος ἑαυτῷ βούλεται καλά, τὰ αὐτὰ
βουλενέσθω καὶ τῷ πλησίον.
Hom. XI₄. πάντα ὅσα ἑαυτῷ τις θέλει καλά, ὡσαύτως
ἄλλῳ χρῄζοντι παρεχέτω.

Es sind lauter freie Citationen, die wir hier zusammengestellt,
und doch ist ganz unverkennbar, dass sie gemeinsam ein Herrenwort
voraussetzen, das etwa gelautet haben dürfte: ὁ τὸν πλησίον ὡς
ἑαυτὸν ἀγαπῶν (s. J. und Hom. XII 32) ὃ θελει ἑαυτῷ θέλει
καὶ τῷ πλησίον. (für θέλει tritt auch die Variante βούλεσθαι
ein). Ferner ist aus diesem Zusammenhang auch klar, dass J.
und Ps. Clemens den Spruch nicht im Zusammenhang der Bergpredigt lasen, sondern als Auslegung zu dem Gebot: du sollst
deinen Nächsten lieben wie dich selbst. Endlich machen die
Worte durchaus den Eindruck des ursprünglichen. Schöner,
treffender und kürzer kann der Inhalt der Nächstenliebe ja gar
nicht zusammengefasst werden, als in diesen wenigen Worten,
die aussagen, dass man, was man für sich als das unbedingt
wertvolle erkannt, auch für den Nächsten erstreben soll. Vergleichen wir damit den Spruch, wie er bei unsern Synoptikern
sich findet, so ist zunächst die Stellung, die die Synoptiker ihm
geben, nicht sehr passend. Bei Matthäus steht er mitten drinnen
in einer Reihe ganz andersartiger Ausführungen. Und bei ihm
deutet sogar noch der Schluss von 7₁₂ an (οὗτος γάρ ἐστιν ὁ
νόμος καὶ οἱ προφῆται), wo der betreffende Spruch ursprünglich
gestanden. Luk. 6₃₁ hat den Spruch an einer andern Stelle
der Bergpredigt, ein Beweis, dass er kaum in der gemeinsamen
Quelle der beiden Synoptiker einen festen Platz gehabt hat. —
Und der innere Gehalt dieser verschiedenen Ausprägungen desselben Logions? Es kann ja nicht geläugnet werden, dass die
Worte: wie ihr wollt, dass euch die Menschen thun, so thut
auch ihnen, allenfalls so ausgelegt werden könnten, wie wir oben
den andern Wortlaut des Spruches auslegen mussten. Aber

---

[1]) S. 132₁₀.

namentlich wenn wir den Zusammenhang im Lukas durchlesen, so ist der Eindruck der erste, dass uns hier in Lk. 6₃₁ eine ziemlich gewöhnliche Nützlichkeitsethik vorgetragen wird. Und wenn wir die beiden Ausprägungen mit einander vergleichen, die diesen Herrenspruch gefunden hat, so können wir uns dem Eindruck nicht verschliessen, dass die Synoptiker den Sinn des Herrenspruchs bedeutend abgeschwächt haben. Endlich ist auch die dritte, negative Fassung dieses Herrenworts zu beachten. Beispiele für dasselbe hat Resch, Logion 1, in vollständiger Weise gesammelt. Die Fassung dieses Herrenworts ist entschieden beeinflusst durch Tob. 4₁₅. Doch finden sich auch hier zwei Typen der Anführung. Von diesen entspricht der eine (s. z. B. Clem. Al. bei R. 1 c. ὃ μισεῖς ἄλλῳ οὐ ποιήσεις) mehr dem Wortlaut, wie wir ihn bei J. gefunden, die andre (s. z. B. 1 g ὃ σὺ μισεῖς ὑφ᾽ ἑτέρου γίνεσθαι σοι, σὺ ἄλλῳ οὐ ποιήσεις) mehr dem synoptischen.

Im Zusammenhang mit dieser Stelle müssen wir nun noch ein anderes Herrenwort behandeln, das D. 93 mit jenem verbunden ist:

I 16⁸. μεγίστη ἐντολή ἐστιν· κύριον τὸν θεόν σου προσκυνήσεις καὶ αὐτῷ μόνῳ λατρεύσεις ἐξ ὅλης τῆς καρδίας σου καὶ ἐξ ὅλης τῆς ἰσχύος σου, κύριον τὸν θεὸν τὸν ποιήσαντά σε.

D. 93⁵. ἐν δυσὶν ἐντολαῖς πᾶσαν δικαιοσύνην καὶ εὐσέβειαν πληροῦσθαι· εἰσὶ δὲ αὗται· ἀγαπήσεις κύριον τὸν θεόν σου ἐξ ὅλης τῆς καρδίας σου καὶ ἐξ ὅλης τῆς ἰσχύος σου καὶ τὸν πλησίον σου ὡς σεαυτόν ¹).

Ib. ὅστις ... ἀγαπᾷ κύριον τὸν θεὸν ἐξ ὅλης τῆς καρδίας καὶ ἐξ ὅλης τῆς ἰσχύος καὶ τὸν πλησίον ὡς ἑαυτόν.

Wir hatten oben vermutet, dass J. die Worte, die wir jetzt Mtth. 7₁₂ lesen, im Zusammenhang der Perikope von dem grössten Gebot in seinem Evangelium vorfand. Wir werden mit Recht erwarten, dass sich auch in den übrigen Teilen desselben Abschnittes Spuren einer eigentümlichen Quelle finden. Und diese zeigen sich in der That. Zufall könnte es allerdings sein, dass J. den aus Dt. 6₅ entlehnten Spruch bei unserm Synoptiker durch Dt. 6₁₃ (in der Form in der er ihn auch in der Versuchungsgeschichte gebracht) — ersetzt, obwohl Ps. Clemens XVII 7 dasselbe thut. (Hier steht, wie in der Versuchungsgeschichte φοβηθῆναι). Denn J. bleibt sich hier, wenn D. 93 keine Textbearbeitung vorlegt, nicht konstant.

Auch gegen die Ursprünglichkeit des Zusatzes τὸν ποιήσαντά σε könnte man sein Bedenken haben, da J. im folgenden

---

¹) Fährt fort ὁ γὰρ ἐξ ὅλης τῆς καρδίας καὶ ἐξ ὅλης τῆς ἰσχύος ἀγαπῶν τὸν θεόν.

Logion denselben Zusatz hat. Doch wäre ja auch wiederum möglich, dass J. wenigstens einmal diesen Zusatz in seinem Texte wirklich gelesen und nur das zweite Mal ihn hinzugefügt. Eine Parallele findet sich:

Did. I 2. πρῶτον ἀγαπήσεις τὸν θεὸν τὸν ποιήσαντά σε [1]). Beachtenswert ist ferner, dass J. entgegen unsern Synoptikern einen dem Ausdruck des Paulus parallelen Text bringt: πᾶσαν δικαιοσύνην καὶ εὐσέβειαν πληροῦσθαι cf. Rö. 13,8 ὁ ἀγαπῶν τὸν ἕτερον νόμον πεπλήρωκεν. Auch den dreimal wiederkehrenden Ausdruck ἐξ ὅλης τῆς καρδίας καὶ ἐξ ὅλης τῆς ἰσχύος (der sich nur bei einigen Minuskeln wiederfindet, s. Credner 177) hat J. jedenfalls handschriftlich vor sich gehabt. Im Zusammenhang mit dem vorhin ausgeführten, werden diese Beobachtungen in der That beweisend. Eine erfreuliche Bestätigung alles bisher Behaupteten ist es endlich, wenn wir Διδ. an der schon einmal erwähnten Stelle weiter lesen:

δεύτερον τὸν πλησίον σου ὡς σεαυτόν. πάντα δὲ ὅσα ἐὰν θελήσῃς μὴ γίνεσθαί σοι, καὶ σὺ ἄλλῳ μὴ ποίει.

Ich sollte meinen, dass hier die Benutzung einer ausser- und vorkanonischen Quelle von Seiten J.'s wieder zur Evidenz gebracht sei.

VI. Aus dem Stellenkonglomerat, das Hilgenfeld S. 112 unter o bringt, ist zunächst ein Spruch herauszunehmen, den J. ganz gewiss nicht in diesem Zusammenhang und wahrscheinlich auch nicht im Zusammenhang einer Bergpredigt gelesen. Er lautet:

I 16,12. ὃς γὰρ ἀκούει μου καὶ ποιεῖ ἃ λέγω, ἀκούει τοῦ ἀποστείλαντός με.

J. wiederholt diesen Spruch:

I 63 [10]. ὁ ἐμοῦ ἀκούων ἀκούει τοῦ ἀποστείλαντός με.

Der Zusatz in der ersten Anführung καὶ ποιεῖ ἃ λέγω stammt natürlich von J. selbst. Nun könnte J. ja immerhin aus Lk. 10,16 diesen Spruch ergänzt haben. Doch führen uns folgende Parallelen zu einem andern Schluss:

Ps. Ignat. ad. Eph. 5 [2]). ὁ ὑμῶν ἀκούων ἐμοῦ ἀκούει, καὶ ὁ ἐμοῦ ἀκούων ἀκούει τοῦ πέμψαντός με πατρός, ὁ ὑμᾶς ἀθετῶν ἐμὲ ἀθετεῖ, ὁ δέ ἐμὲ ἀθετῶν ἀθετεῖ τὸν πέμψαντά με.

Const. VIII 44 [3]) ebenso (nur statt πέμψαντος: ἀποστείλαντος (und ἀποστείλαντα) [4]) Cyprian. epist. 58,4 qui audit

---

[1]) Vergl. auch Hermas Mand. 1. πρῶτον πάντων πίστευσον ὅτι εἷς ἐστιν ὁ θεὸς ὁ τὰ πάντα κτίσας und Resch. Logion 11. S. 100. 149.
[2]) S. 276,11.
[3]) S. 277,18.
[4]) Const. VIII 3. ὁ ἡμῶν ἀκούων Χριστοῦ ἀκούει, ὁ δὲ Χριστοῦ ἀκούων τοῦ θεοῦ καὶ πατρὸς αὐτοῦ ἀκούει (S. 236,14).

vos me audit et eum qui me misit, et qui rejicit vos me rejicit et eum qui me misit [1]).
ib. ep 66[1] 4 [2]) qui audit vos me audit, et qui me audit, audit eum qui me misit, et qui reicit vos me reicit et eum qui me misit. Besonders wichtig aber ist hier der Wortlaut im Cod. D. Er liest:

ὁ ἀκούων ὑμῶν ἐμοῦ ἀκούει καὶ ὁ ἀθετῶν ὑμᾶς ἐμὲ ἀθετεῖ, ὁ δὲ ἐμὲ ἀθετῶν ἀθετεῖ τὸν ἀποστείλαντά με, ὁ δὲ ἐμοῦ ἀκούων ἀκούει τοῦ ἀποστείλαντός με [3]).

Gedächtnissmässig kann dieser Spruch nicht ergänzt sein, dann stände das ὁ ἐμοῦ ἀκούων an seinem rechten Platz. Die eigentümliche Citation erklärt sich nur so, dass Cod. D. nach einer andern handschriftlich vorliegenden Quelle korrigiert ist, und dass dann später die am Rande gemachte Bemerkung an falscher Stelle eingerückt ist. Die Übereinstimmung des Kuretonschen Syrers mit D. zeigt überdies, dass wir es hier mit einer sehr alten Lesart des western text zu thun haben, einer jener Lesarten, bei denen die Vermutung von Credner und Resch zur Evidenz gebracht werden kann, dass hier Varianten vorliegen, die durch eine Überarbeitung unserer Synoptiker nach einer ausserkanonischen Quelle entstanden sind. — Nunmehr, da die Quellenmässigkeit der Lk. 10,16 parallellaufenden, aber volleren Stelle durch das Eintreten des Redaktors von D. auf den einen, des Redaktors der Konstitutionen und der Ignatianen auf der andern Seite für dieselbe mit Wahrscheinlichkeit erschlossen werden kann, dürfte die Vermutung nicht abzuweisen sein, dass J. den Herrenspruch in dieser Fassung in seiner Quelle las. So sind wir im Laufe der Untersuchung doch auf eine Reihe von Stellen gestossen, aus denen sich schliessen lässt, dass J. auch in den Herrensprüchen, die unsre Synoptiker in der „Bergpredigt" zusammengestellt haben, oft gedächtnismässig einer uns unbekannten Quelle folgt, die sich sogar an einzelnen Punkten an Ursprünglichkeit unsern Synoptikern überlegen erweist, während er doch von Matth. in der Apologie Cap. 15 u. 16 sich schriftstellerisch abhängig erweist. Von hier aus gewinnen nun auch manche andre vereinzelte Eigentümlichkeiten in den Citaten J.'s ihren Wert.

Ap. I. 15 bringt J. das Citat:

ὃς ἂν ἐμβλέψῃ γυναικὶ πρὸς τὸ ἐπιθυμῆσαι αὐτῆς ἤδη ἐμοίχευσε τῇ καρδίᾳ παρὰ τῷ θεῷ [4]).

[1]) Hartel, S. 671.
[2]) ib. S. 729.
[3]) Ebenso liest der Syr. Cur.
[4]) Kurz hinterher steht bei J. καὶ οἱ προσβλέποντες γυναικὶ πρὸς τὸ ἐπιθυμῆσαι αὐτῆς.

Der Ausdruck ὃς ἂν ἐμβλέψῃ lässt sich auch sonst belegen. Clemens Al. hat dreimal ὁ ἐμβλέψας Paed. III 6₃₃ [1]). Strom. II 15₆₁. IV 18₁₁₄ [2]), einmal Strom. III 2₈(₅₁₃) πᾶς ὁ προσβλέπων [3]). Origenes viermal ὃς (ἐ)ὰν ἐμβλέψῃ: c. Cels. III 44, περὶ ἀρχῶν III 1₆, Selecta in Ezech. 6, in Joannem XX 15 [4]). Dagegen hat Origines einmal πᾶς ὁ βλέπων (in Joann. XX 15 [5]). Die lateinischen Übersetzungen [6]) haben qui inspexerit, si quis adspexerit, qui viderit, omnis qui viderit. — ὃς ἐὰν ἐμβλέψῃ habe ich noch bei Cyrill v. Jer. (κατηχ. XIII 5) gefunden. ἐμβλέπειν findet sich noch bei Eusebius, Athanasius, Basilius, Gregor v. Naz. [7]) und ist auch in spätere Handschriften eingedrungen (s. Tischendorf).

Den Dativ γυναικί bietet Origines nur an einer Stelle (c. Cels.), ferner Cyrill v. Jer., Clemens Al. Strom. IV 18₁₁₄ ὁ ἐμβλέψας τῇ γυναικί, Gregor v. Nazianz, Basilius.

ἐπιθυμῆσαι αὐτῆς hat Athenagoras 32⁸. Origenes einmal (in Ezech.) Athanasius, von Handschr. ℵᶜ.

ἐμοίχευσεν ohne Objekt, aber nicht mit dem folgenden παρὰ τῷ θεῷ haben Athenagoras a. a. O. und Basilius.

Wir haben hier ein umfangreiches Zeugenverhör angestellt, um an einem Beispiel zu zeigen, dass J.'s Abweichungen keineswegs allzu leicht als Gedächtnisabweichungen behandelt werden dürfen. Sämmtliche Varianten J.'s haben sich uns als Textvarianten erwiesen. Sonst muss das Resultat hier ein durchaus unbestimmtes bleiben. Wir finden keinen einzigen bestimmten Grund, der uns zu der Annahme drängen könnte, dass J. hier nicht den Matthäus, sondern ein ausserkanonisches Evangelium benutzt hätte. Auf diese Vermutung könnte uns höchstens die Variante ὃς ἐὰν ἐμβλέψῃ führen, doch steht diese zu vereinzelt und ist zu unwesentlich, um etwas beweisen zu können.

2) I 15 εἰ ὁ ὀφθαλμός σου ὁ δεξιὸς σκανδαλίζει σε, ἔκκοψον αὐτόν· συμφέρει γάρ σοι μονόφθαλμον εἰσελθεῖν εἰς τὴν βασιλείαν τῶν οὐρανῶν, ἢ μετὰ τῶν δύο πεμφθῆναι εἰς τὸ αἰώνιον πῦρ.

---

[1]) S. 273. 461. 615.
[2]) Bemerkenswert ist d. letztere Stelle ἐγὼ δὲ λέγω ὁ ἐμβλέψας τῇ γυναικὶ πρὸς ἐπιθυμίαν ἤδη μεμοίχευκεν.
[3]) Einmal Strom. III 15₉₄ πᾶς ὁ βλέπων (S. 554.)
[4]) Lomm. 18 ₃₀₉. 21 ₃₇₆. 14 ₁₉₅. 2 ₂₄₈.
[5]) Lomm. 2 ₂₃₆.
[6]) Die Lateiner übersetzen sonst meistens omnis qui viderit.
[7]) Nemesius de natura hom. 40, Migne B 40 ₇₆₉ ὁ ἐμβλέψας γυναικί. — Die Angaben sind von mir für die späteren griechischen Kirchenväter aus den Citatensammlungen bei Migne gewonnen, der Kürze halber habe ich d. Stellennachweise hier fortgelassen.

Dieser Spruch erscheint als eine seltsame Mischung aus Mtth. 5,29 (συμφέρει) und Mark. 9,45 (= Mtth. 18,9). Doch lassen verschiedene Beobachtungen auf einen besondern Text schliessen. 1) In dem kurzen schneidenden Ausdruck ἔκκοψον αὐτόν stimmt J. mit Clemens Al. Paed. III 11. 70 quis div. salv. 24 [1]), 2) während Mark. εἰς τὴν βασιλείαν τοῦ θεοῦ, Mtth. εἰς τὴν ζωὴν hat, lesen wir bei J wieder βασιλεία τῶν οὐρανῶν.

3) In der längeren Reihe von Citaten bei Hilgenfeld S. 111 h. ist folgendes Wort bemerkenswert (I 15 [16]):
ὅπου σὴς καὶ βρῶσις ἀφανίζει καὶ λησταὶ διορύσσουσιν.
Dazu liefert wiederum Clemens Al. eine Parallele Cohort. X 93 (75) ἔνθα που σὴς καὶ τὰ τῆς γῆς λῃστής που καταδύεται ib. X 105 ἔνθα οὐ σὴς οὐ λῃστὴς οὐ πειράτης. Dazu vergleiche Epiphanius haer. 59,40 ἔνθα οὔτε λησταὶ διορύσσουσιν ... [3]).

4) Gleich darauf folgt bei J. (I 15 [17]) τί γὰρ ὠφελεῖται ἄνθρωπος, ἂν τὸν κόσμον ὅλον κερδήσῃ, τὴν δὲ ψυχὴν αὐτοῦ ἀπολέσῃ;

Während Matthäus am Ende ζημιωθῇ hat, Luk. ἀπολέσας ἢ ζημιωθείς, Mark. ζημιωθῆναι, so kommt wiederum Clemens J. am nächsten:

Strom. VI 14,112 (796) [4]) τί γὰρ ὄφελος ἐὰν τὸν κόσμον κερδήσῃς, φησὶ, τὴν δὲ ψυχὴν ἀπολέσῃς [5]);

5) Aus der unter i (a. a. O.) folgenden Spruchgruppe hebe ich folgenden Spruch hervor (I 15 [20]):
ζητεῖτε δὲ τὴν βασιλείαν τῶν οὐρανῶν καὶ ταῦτα πάντα προστεθήσεται ὑμῖν.

Hier ist wiederum höchst auffallend, dass J. τὴν βασιλείαν τῶν οὐρανῶν bietet, während weder Matth. in seiner jetzigen Gestalt, noch Luk., diesen Ausdruck bieten. Und wieder tritt Clemens dem J. als Zeuge zur Seite. Paed. II 12,120 [6]) ζητεῖτε πρῶτον τὴν βασιλείαν τῶν οὐρανῶν καὶ ταῦτα πάντα προστεθήσεται ὑμῖν [7]).

---

[1]) S. 294.
[2]) Dagegen in den zusammenhängenden Ausführungen bietet Clemens κλέπτης (Strom. IV 6,33 q. div. s. 13). Hier dürfte eine Textkorrectur vorliegen.
[3]) Auch Basilius hom. 6 u. 21,8 bietet λῃστής.
[4]) Anders Strom. IV. 6,34.
[5]) Ps. Cyprian de laude martyr. 17 (III 40) si totum orbem lucrifeceris et animam tuam perdideris, quid proderit tibi?
[6]) S. 242.
[7]) Clem. hat einmal Paed. II 10,103 τὴν βασιλείαν τοῦ θεοῦ, einmal Strom. IV. 6,34 ζητεῖτε πρῶτον τὴν βασιλείαν τῶν οὐρανῶν καὶ τὴν δικαιοσύνην, s. d. Ἐκλογαί.

Wir stossen hier also auf einen Text, der starke Verwandschaft mit unserm Matth. zeigt (βασιλεία τῶν οὐρανῶν) und doch hinter der jetzigen Textgestaltung desselben liegt, die, wie der Augenschein lehrt, wahrscheinlich von der letzten redigierenden Hand eine Umänderung erlitten hat. So dürfte es denn auch kein Zufall sein, dass Clemens Strom. IV 6,34(579) in dem Zusammenhang, wo er freilich neben dem βασιλεία τῶν οὐρανῶν schon (nach Mtth.) καὶ τὴν δικαιοσύνην liest, noch die Bekanntschaft eines zweiten mit dem ersten eng verwandten ausserkanonischen Herrenworts verrät, wenn er fortfährt ταῦτα γὰρ μεγάλα, τὰ δὲ μικρὰ καὶ περὶ τοῦ βίου ταῦτα προστεθήσεται ὑμῖν (s. Resch a. a. O. Logion 41.)

6) Dicht neben diesem Spruch steht noch der andere ὅπου γὰρ ὁ θησαυρός ἐστιν, ἐκεῖ καὶ ὁ νοῦς τοῦ ἀνθρώπου.

Dazu ist noch einmal Clemens zu vergleichen:

Strom. VII 12,77 [1]) ὅπου γὰρ ὁ νοῦς τινος ἐκεῖ καὶ ὁ θησαυρὸς αὐτοῦ. quis div. salv. 17 ὅπου γὰρ ὁ νοῦς τοῦ ἀνθρώπου ἐκεῖ καὶ ὁ θησαυρὸς αὐτοῦ. Strom. IV 6,33 ὁ δὲ τῷ ὄντι θησαυρὸς ἡμῶν ἔνθα ἡ συγγένεια τοῦ νοῦ.

Makarius Hom. 43,3 [2] ὅπου ὁ νοῦς σου ἐκεῖ καὶ ὁ θησαυρός σου [3]).

Nur die eine Eigentümlichkeit hat J. mit Clemens Al. gemein, dass er νοῦς statt καρδία hat, die eigentliche Umstellung der Sätze aber hat er nicht. Diese kehrt jedoch wieder das einzige Mal, wo sich sonst noch in den patristischen Citaten das Wort νοῦς statt καρδία findet [4]). Nun aber würde diese Fassung auch in J.'s Zusammenhang besser hinein passen. „Trachtet nach dem Himmelreich — und dies alles wird euch noch obendrein zu Teil werden." — Denn wo der „Nus" des Menschen, wo seine wahre geistige Heimat [5]), dort liegt sein Schatz. Dürften wir hier nicht vielleicht eine Textbearbeitung J.'s annehmen? — So hätten wir eine ganz neue Gestaltung eines Herrnwortes, die fast so aussieht, wie eine gnostische Umdeutung desselben [6]).

---

[1]) S. 878.
[2]) Migne B XXXIV 773.
[3]) Man vergleiche auch Const. III 7 (102,26); hier steht καρδία, aber das kurz voraufgehende u. das folgende νοῦς macht eine Überarbeitung wahrscheinlich. — Ferner Origenes in Num. Hom. XXI,1 Lomm. 10,200 ubi est cor eorum, ibi est et thesaurus eorum. Tertullian ad martyres 2 ubi autem erit cor tuum ibi erit et thesaurus tuus. Πίστις σοφία ed. Schwartze u. Petermann lat. Übersetzung S. 129 loco quo est vestrum cor, erit quoque ibi vester thesaurus.
[4]) Bei Makarius s. o.
[5]) Vergl. den ähnlichen Gedankengang bei Clemens Strom. IV 6, 33.
[6]) Damit ist natürlich noch nicht entschieden, dass jenes Herren-

Das auffallendste Phänomen, auf das wir in den letzten Fällen gestossen sind, ist die durchgehende Verwandtschaft J.'s mit Clemens Al. Wie wollen wir dasselbe erklären? Ein vorkanonischer Text, durch den wir das Rätsel lösten, steht uns hier nicht zur Verfügung. Die Vermutung, dass J. und Clemens dieselbe oder zwar sehr ähnliche Handschr. der Synoptiker benutzt, hat aber doch kaum eine grössere Wahrscheinlichkeit, als die Annahme, dass beiden noch eine ausserkanonische Evangelienquelle (oder mehrere Quellen) flossen, wenn diese Annahme sonst schon wahrscheinlich geworden ist.

VII. Wir haben nun noch ein Stellenkonglomerat J.'s aus der Bergpredigt zu entwirren, das von Hilgenfeld unter o. (V. 112) angeführte.

In der Ap. I 16 ^{13} steht J. ersichtlich unter dem Einfluss des Matthäus. Denn in diesem Schluss der Bergpredigt hat „Matthäus" Herrenworte, die wir in ihrem ursprünglichen Sinn noch bei Luk. 13 lesen, in eine Strafpredigt gegen die falschen Propheten umgewandelt, die Herr Herr sagen und nicht thun nach des Herrn Willen, die Antinomisten ($ἀνομία$), wahrscheinlich eine ultrapaulinische Partei. Dieses ganze Gepräge bewahrt auch J. Doch sind dabei einige Beobachtungen zu machen. J. liest: $κ. τότε ἐρῶ αὐτοῖς ἀποχωρεῖτε ἀπ᾽ ἐμοῦ ἐργάται τῆς ἀνομίας. τότε κλαυθμὸς ἔσται καὶ βρυγμὸς τῶν ὀδόντων, ὅταν οἱ μὲν δίκαιοι λάμψωσιν ὡς ὁ ἥλιος, οἱ δὲ ἄδικοι πέμπωνται εἰς τὸ αἰώνιον πῦρ.$

In dem $ἀποχωρεῖτε$ und dem Worte $ἀνομία$[1]) zeigt J. deutlich seine Verwandschaft mit Matthäus, namentlich in dem letzteren. Dagegen ist das $ἐρῶ$ und das $ἐργάται$ st. $ἐργαζόμενοι$ lukanischer Text (s. u.) Das folgende $τότε κλαυθμὸς ἔσται καὶ βρυγμὸς τῶν ὀδόντων$ hat seine genaue Parallele an Luk. 13 $_{28}$, in den folgenden Worten aber gehen J. und Luk. weit auseinander. J. bringt hier einen Matth. 13 $_{43}$ ähnlichen Text. Hier aber bietet Irenaeus adv. haer. II 32$_1$ [2]) eine Parallele:

---

wort in dieser Form ursprünglich den Sinn gehabt, den Clemens und J. ihm beilegen. Vielleicht stand er in folgendem Zusammenhang: (Mk. 6 $_{21}$), wo der Nus des Menschen ist, wohin der Mensch mit seinem geistigen Streben sich richtet, dort ist sein Schatz, dort erntet er (Mtth. 6 $_{22}$). Die Leuchte des Leibes ist das Auge. Wenn Dein Auge schlicht und recht, so ist dein ganzer Leib licht.

[1]) Die Differenzen zwischen Luk. u. Matth. (L. hat $ἀδικία$, M. $ἀνομία$) sind keineswegs unschuldige Übersetzungsvarianten, wie Resch Ztschr. f. kirchl. Wissensch. B. IX S. 237 annimmt, haben vielmehr ihren guten Grund. Das ganze Material was R. über diese Stelle zusammengetragen, hat keinen sonderlichen Wert.

[2]) Harvey, I 372.

justi autem fulgebunt sicut sol in regno patris eorum, injustos autem et qui non faciunt opera justitiae mittat in ignem [1]).
Es ist ferner wahrscheinlich, dass Luk. in 13 $_{28b}$ von dem Zusammenhang seiner Quelle abweicht und einen Herrenspruch bringt, der ursprünglich an anderm Orte stand [2]). Das alles könnte auf eine eigentümliche Quelle J.'s führen, aber der Thatbestand ist hier zu verwirrt, als dass wir sicher entscheiden könnten. In diesem Zusammenhang haben wir noch ein ganz eigentümliches Citat zu behandeln.

D. 76 ^{13} πολλοὶ ἐροῦσί μοι τῇ ἡμέρᾳ ἐκείνῃ· κύριε, κύριε, οὐ τῷ σῷ ὀνόματι ἐφάγομεν καὶ ἐπίομεν καὶ προεφητεύσαμεν καὶ δαιμόνια ἐξεβάλομεν.

I 16 πολλοὶ δὲ ἐροῦσί μοι· κύριε κύριε, οὐ τῷ σῷ ὀνόματι ἐφάγομεν καὶ ἐπίομεν καὶ δυνάμεις ἐποιήσαμεν.

Ein ähnlicher Wortlaut, — dessen Charakteristikum ja eine Textmischung aus Matth. u. Luk. ist, durch die das Lukanische ἐφάγομεν ἐνώπιόν σου καὶ ἐπίομεν eine vollständig andre Wendung erhalten hat — liegt nun vor in vielen Citaten von Kirchenvätern: Origenes περὶ ἀρχ. IV 1$_2$. c. Cels. II 49 in Joann. 32$_7$ ib. 8. Pamphilius Apol. 5 [3]). Epiph. haer. 66 $_{79}$ [4]).
— An dieser Stelle hat man von jeher einen der glänzendsten Beweise dafür sehen wollen, dass durch Gedächtnisspiel allein bei verschiedenen Kirchenvätern derselbe abweichende Text entstehen könne. Nun aber hat sich neuerdings derselbe Text im Kuretonschen Syrer gefunden; nimmt man dazu die Anführungen bei Hieronymus und Augustin, die darauf schliessen lassen, dass unser Text auch in Italahandschr. stand, so haben wir eine Variante des western text vor uns, die freilich aus den Handschr. frühe wieder verschwunden ist. — Aus innern Gründen werden wir hier den Erklärungsgrund eines vorkanonischen Textes acceptieren müssen und nicht weiter zurückgehen dürfen. Denn der Spruch führt uns seinem inneren Gehalte nach nicht auf eine eigentümliche Quelle. Er zeigt seinem Geiste und Gehalte nach die innigste Verwandschaft mit der (judaistischen) Fassung des Wortes im Matthäusevangelium. Ja er verschärft

---

[1]) J. hat λάμψουσι an dieser Stelle, während Matth. ἐκλάμψουσι hat. Dagegen liest Origenes des öftern u. Epiphanius haer. 64 $_{69}$ λάμψουσιν.

[2]) Für Zufall möchte ich es daher auch halten, wenn J. D. 76 hinter einander zwei Sprüche bringt (durch καὶ verbunden) die parallel Luk. 13, 28 u. 26 laufen, denn beide Sprüche bringt J. in nicht lukanischem Wortgepräge.

[3]) Lomm. 21$_{488}$. 18$_{204}$. 2$_{411}$. 418. ib. 24$_{550}$.

[4]) Nach Zahn S. 554 (nach Sabatier III 42) hatten auch Hieronymus und Augustinus diesen Text.

diese noch. Es mag aber — das dürfen wir schon nach ihrer äusseren Bezeugung vermuten — die Variante aus sehr früher Zeit stammen. Es wäre möglich, dass sie uns in eine Zeit versetzte, in der zwischen Juden- und Heidenchristen der Streit um Tisch- und damit Abendmahls-Gemeinschaft in hellen Flammen loderte. Klingt es nicht wie ein Protest des Judenchristentums gegen das vorwärts dringende Heidenchristentum: Es werden viele zu mir sagen, Herr haben wir nicht in deinem Namen gegessen und getrunken [1]), und dann werde ich zu ihnen sprechen ich kenne euch nicht. — Man verwandte das ursprüngliche, jezt bei Luk. sich findende Herrenwort, um die abweichende Fassung des Matth. noch mehr zu verschärfen [2]).

Nun hätten wir hier in dieser Stellensammlung noch ein Citat zu besprechen. Das führt uns jedoch aus dem Rahmen der Bergpredigt hinaus zu den eschotologischen Herrenworten J.'s.

§ 9. Die eschatologischen Herrenworte J.'s.

J. liest:

I 16 15 πολλοὶ γὰρ ἥξουσιν ἐπὶ τῷ ὀνόματί μου, ἔξωθεν μὲν ἐνδεδυμένοι δέρματα προβάτων, ἔσωθεν δὲ ὄντες λύκοι ἅρπαγες. ἐκ τῶν ἔργων αὐτῶν ἐπιγνώσεσθε αὐτούς.

D 35 εἶπε γάρ· πολλοὶ ἐλεύσονται ἐπὶ τῷ ὀνόματί μου ἔξωθεν ἐνδεδυμένοι δέρματα προβάτων, ἔσωθεν δέ εἰσι λύκοι ἅρπαγες.... καὶ· προσέχετε ἀπὸ τῶν ψευδοπροφητῶν οἵτινες ἐλεύσονται πρὸς ὑμᾶς, ἔξωθεν ἐνδεδυμένοι δέρματα προβάτων, ἔσωθεν δέ εἰσι λύκοι ἅρπαγες.

In einem Zusammenhang, in dem J. sonst, wie wir oben gesehen, durchweg dem Matth. folgt, bringt er doch den oben angeführten Spruch in einer eigentümlichen Abweichung von Matth., ebenso D. 35; und hier deutet er auf das bestimmteste an, dass er diesen Spruch mit dem Anfang πολλοὶ ἐλεύσονται ἐπὶ τῷ ὀνόματί μου unterschieden wissen will, von dem aus Matthäus stammenden προσέχετε ἀπὸ τῶν ψευδοπροφητῶν.

Ausserdem wird der Wortlaut des J. eigentümlichen Citates bestätigt durch die Parallele:

---

[1]) Dafür, dass diese Worte aufs Abendmahl bezogen würden, vergl. Πίστις Σοφία a. a. O. S. 200.

[2]) Dabei mögen dann auch im folgenden die oben S. 211 erwähnten Varianten aus Luk. eingedrungen sein. Das ἐρῶ statt ὁμολογήσω findet sich in allen Kirchenvätercitaten, (dagegen wenigstens noch d. Übersetzung von Baethgen nicht im Syr. Cur.)

Hom. XI 35 *πολλοὶ ἐλεύσονται πρός με ἐν ἐνδύματι προβάτων, ἔσωθεν δέ εἰσι λύκοι ἅρπαγες. ἀπὸ τῶν καρπῶν αὐτῶν ἐπιγινώσκετε αὐτούς.*

Diese Beobachtungen beweisen, dass J. diesen Spruch in einer eigentümlichen Fassung gekannt und wahrscheinlich aus seiner ausserkanonischen Quelle entlehnt hat. Nun erhebt sich die Frage, wo etwa unser Spruch gestanden haben könne. J. bringt denselben in einem Zusammenhang von eschatologischen Sprüchen[1]). Von dem ersten derselben hat Resch (Logion 21) wahrscheinlich gemacht, dass er aus der eschatologischen dem 24. Kap. des Matth. entsprechenden Rede der vorkanonischen Quelle stamme (*ἔσονται σχίσματα καὶ αἱρέσεις*). Zu vermuten wäre, dass auch unser Logion aus derselben Quelle stamme und ebenfalls in der grossen eschatologischen Rede gestanden habe.

Diese Vermutung wird nun glänzend bestätigt durch folgende Parallele:

Constit. VI 13 *ἐλεύσονται πρὸς ὑμᾶς ἄνθρωποι ἐν ἐνδύμασι προβάτων, ἔσωθεν δέ εἰσι λύκοι ἅρπαγες· ἀπὸ τῶν καρπῶν αὐτῶν ἐπιγνώσεσθε αὐτούς· προσέχετε ἀπ' αὐτῶν· ἀναστήσονται γὰρ ψευδόχριστοι καὶ ψευδοπροφῆται καὶ πλανήσουσι πολλούς.*

Nehmen wir hinzu, dass J. in demselben Zusammenhang D 35 den Spruch bringt *ἀναστήσονται* (man beachte das Wort, das J. in Übereinstimmung mit der Konstit. hat, während unsre Synoptiker *ἐγερθήσονται* haben) *πολλοὶ ψευδόχριστοι καὶ ψευδαπόστολοι καὶ πολλοὺς τῶν πιστῶν πλανήσουσιν*, — so ist schlechterdings ausgeschlossen, dass hier der Zufall sein neckisches Spiel getrieben, und wir sind auf eine ganze Citatenreihe aus einer ausserkanonischen Quelle gestossen.

In dieser Quelle stand das Logion von den Wölfen, die in Schafskleidern kommen werden, in den eschatologischen Reden. Dazu sind nun noch folgende Parallelen anzumerken:

Const. VI 13 [3]) *παρεγγυησάμενοι φεύγειν αὐτούς (?) τοὺς ἐπ' ὀνόματι Ἰησοῦ καὶ Μωσέως πολεμοῦσι χριστῷ καὶ Μωσεῖ, καὶ ἐν δορᾷ προβάτου τὸν λύκον κατακρύπτουσιν· οὗτοι γάρ εἰσι ψευδόχριστοι ψευδοπροφῆται καὶ ψευδαπόστολοι* [4]).

---

[1]) S. D. 35.
[2]) S. 173$_4$.
[3]) S. 172$_{21}$.
[4]) Ich mache hier auf folgende Varianten aufmerksam: Matth. *ἐν ἐνδύμασι προβάτων*, J. stehend *ἐνδεδυμένοι δέρματα προβάτων*, Const. *ἐν δορᾷ προβάτων*. Irenaeus adv. haer. Prooemium 2., Harvey I 4 *διὰ τὴν ἔξωθεν τῆς προβατείου δορᾶς ἐπιβουλήν*, Clemens Cohort. I 4 *λύκους κωδίοις ἠμφιεσμένους*. Wenn man will, könnte man hier Übersetzungsvarianten annehmen.

Did. 16₃ (conf. Constit. VII 32) ἐν γὰρ ταῖς ἐσχάταις ἡμέραις πληϑυνϑήσονται οἱ ψευδοπροφῆται καὶ οἱ φϑορεῖς καὶ στραφήσονται τὰ πρόβατα εἰς λύκους καὶ ἡ ἀγάπη στραφήσεται εἰς μῖσος, αὐξανούσης γὰρ τῆς ἀνομίας μισήσουσιν ἀλλήλους.

Suchen wir nun wieder die Stellung jenes Evangelienfragments zu unsern Synoptikern zu bestimmen, so kommt uns die Evangelienkritik auf halbem Wege entgegen. Schon lange haben eine Reihe von Forschern erkannt, dass das Logion von den falschen Propheten in der Bergpredigt seine Stellung ursprünglich nicht hatte. Ein Vergleich mit Luk. 13 zeigt ferner, dass der ursprüngliche Gedankenzusammenhang Matth. 7₁₅—₂₃ durch die Einschiebung der Warnung vor den falschen Propheten wesentlich und absichtlich alteriert ist. Wir können nun diesem Logion eine Stellung anweisen, die es aller Wahrscheinlichkeit nach ursprünglich innegehabt. Es bliebe nur noch die Frage zu lösen, wie es gekommen, dass bei unsern Synoptikern sich nirgends eine Spur dieses Herrenspruchs in der eschatologischen Rede zeigt. Dass Matthäus dasselbe dort nicht hat, ist selbstverständlich, Lukas weicht überhaupt in der ganzen Konception der Rede stark ab, bei Mark. aber bliebe nur die Annahme einer Rücküberarbeitung nach Matthäus über. Diese aber lässt sich gerade für das Kapitel 13 des Markus zur Evidenz bringen [1]). — Ferner scheint aus einer Vergleichung von Just. D 35 und Constit. 6₁₃ hervorzugehen, dass in der Vorlage von Matth. 24 die Verse 4 f. und 11 f. unmittelbar zusammenstanden. Und auch hier ist bereits durch die kritische Forschung die Vermutung aufgestellt, dass mindestens die dazwischen stehenden Weissagungen der Jüngerverfolgungen erst später in die eschatologische Rede hineingekommen sind. Doch soll das nur als Vermutung aufgestellt werden. Wichtiger ist die Beobachtung, dass bei J. in dem oben citierten Zusammenhang ψευδόχριστοι καὶ ψευδοπόστολοι [2]) geweissagt werden. Wenn wir in der Parallelstelle der Konst. (6₁₃) jetzt nur ψευδόχριστοι καὶ ψευδοπροφῆται lesen, so möchte ich hier eine

---

[1]) Man hat verschiedene Versuche gemacht um das Rätsel zu lösen, dass Mark. 13₅ u. ₆ in V. 21—23 ersichtlich wiederholt wird. Nun lässt sich mit Sicherheit nachweisen, dass diese Wiederholung aus Matthäus stammt. Bei Matthäus nämlich erklärt sich dieselbe sehr einfach. Derselbe hat hier die beiden Quellen, die Luk. Cap. 17 u. 21 noch getrennt bietet, zusammengearbeitet, wie es noch ganz deutlich zu sehen ist. Von dieser Zusammenarbeitung sind einige Verse in den Mark. geraten.

[2]) Dass D 82₄ J. in einem Zusammenhang, in dem er dem Mtth. folgt, ψευδόχριστοι καὶ ψευδοπροφῆται citiert, kann nichts beweisen.

Textbearbeitung vermuten, denn unmittelbar vorher lesen wir οὗτοι γάρ εἰσιν ψευδόχριστοι, ψευδοπροφῆται καὶ ψευδαπόστολοι. Auch Hom. Clem. XVI 21 lesen wir ψευδαπόστολοι ψευδεῖς προφῆται; Hegesipp (Eus. H. E. IV 22 ₆) hat ψευδόχριστοι, ψευδοπροφῆται, ψευδαπόστολοι ¹). Acta Archelai et Man. 35 ₁₃₁ exsurgent enim falsi Christi et falsi apostoli et falsi prophetae. Diese Zusammenstellung beweist, dass das ψευδαπόστολοι in dem Text gestanden, den J. benutzt. Die Beobachtung führt uns wiederum zur Annahme einer Quelle, die nicht später, sondern früher als unsre Synoptiker entstand. Denn es wäre unerfindlich, wie später noch in jenen Text das Wort ψευδαπόστολοι eingedrungen sein könnte; dagegen ist sehr leicht einzusehen, dass die Weissagung, dass falsche Apostel kommen würden, in einer Zeit verschwand, in der es keine Apostel mehr gab, in der man es vielmehr mit falschen Propheten und Lehrern zu thun hatte ²). Das Wort ψευδαπόστολοι weist uns in eine Zeit, in der der Streit um das Apostolat aller Gemüter bewegte.

II. Über das zweite hierhergehörige Logion J.'s.

καὶ ἔσονται σχίσματα καὶ αἱρέσεις hat Resch Logion 21 S. 176 ff. in fast erschöpfender Weise gehandelt.

Zu den Parallelen die er S. 105 beibringt (Hom. XVI 21. Didask. VI 5 (Clemens Al. Strom. VII 15 ₉₀) — kann ich noch hinzufügen:

Lactantius divin. instit. Lib. IV C. 30 ante omnia scire nos convenit et ipsum et legatos eius praedixisse quod plurimae sectae et haereses haberent existere.

Im übrigen kann ich auf die vorzüglichen Ausführungen R.'s verweisen, der, wie ich glaube mit Recht annimmt, dass wir hier ein Herrenwort vor uns haben, das schon Paulus seinen Ausführungen 1. Cor. 11, 18. 19 zu Grunde gelegt und dessen Stellung in der grossen eschatologischen Rede aus Hippolyt. fragm. ed. Lagarde p. 158 ₃ ff. hervorgeht (R. S. 174).

Anhang: Aus dem Citat aus der Did. das ich oben angeführt (16 ₃) πληθυνθήσονται ψευδοπροφῆται καὶ οἱ φθορεῖς (wiederholt Const. VII. 32) schliesst Resch (176) dass, J. D 51 ⁶,

---

¹) Tertullian de praescr. haeret. 4. Instruit D. multos esse venturos sub pellibus ovium, rapaces lupos. Qui luci racapes . . . . pseudoprophetae . . . . pseudapostoli . . . antichristi. Hierauf folgt d. Weissagung der Häresieen, allerdings in deutlicher Beziehung auf 1. Cor. 11₁₉.

²) So lesen wir in der That z. B. Const. 6₁₈. 178 ₄ ψευδόχριστοι καὶ ψευδοδιδάσκαλοι, 2. Petr. 2₁ ἐγένοντο δὲ καὶ ψευδοπροφῆται ἐν τῷ λαῷ ὡς καὶ ἐν ὑμῖν ἔσονται ψευδοδιδάσκαλοι οἵτινες παρεισάξουσιν αἱρέσεις.

wo wir jetzt das sinnlose ἱερεῖς καὶ ψευδοπροφήτας lesen, φθορεῖς (gewöhnlich vermutet man αἱρέσεις) gestanden habe, und identificiert dann φθορεῖς (sc. τοῦ λόγου Const. VII 32) mit ψευδαπόστολοι. Die Vermutung hat sehr viel ansprechendes. R. hätte als Parallele noch anführen können Const. 6₁₃ ψευδόχρ. ψευδοπροφῆται καὶ ψευδαπόστολοι, πλάνοι καὶ φθορεῖς; vielleicht auch, wenn man das φθορά aktivisch fassen könnte 2. Petr. 2₁₂ ἐν τῇ φθορᾷ αὐτῶν καὶ φθαρήσονται. — Schwierig bleibt immerhin, wenn man D. 51 φθορεῖς καὶ ψευδοπροφῆται lesen wollte, die offenbare Rückbeziehung auf das Cap. 35 (ὡς προέφην), da hier nichts von φθορεῖς gestanden. Immerhin konnte J., wenn das Logion seinem Gesammtumfang nach (s. Resch) lautete ἔσονται ψευδαπροφῆται φθορεῖς σχίσματα αἱρέσεις, sich D. 51 auf dieses zurückbeziehen, wenn er auch D. 35 nur die eine Hälfte des Spruches gebracht.

III. J. D. 76₁₆ ὑπάγετε ¹) εἰς τὸ σκότος τὸ ἐξώτερον ὃ ἡτοίμασεν ὁ πατὴρ τῷ σατανᾶ ²) καὶ τοῖς ἀγγέλοις αὐτοῦ.

Dazu ist eine fast wörtliche Parallele zu verzeichnen: Hom. XIX₂ ὑπάγετε εἰς τό σκότος τὸ ἐξώτερον ὃ ἡτοίμασεν ὁ πατὴρ τῷ διαβόλῳ καὶ τοῖς ἀγγέλοις αὐτοῦ.

Nach alledem, was schon ausgeführt ist, haben wir das Recht, bei der vierfachen Übereinstimmung von J. und Ps. Clemens (1. ὑπάγετε, 2. das Fehlen des οἱ κατηραμένοι, 3. τὸ σκότος τὸ ἐξώτερον, 4. ὃ ἡτοίμασεν ὁ πατήρ) bei gleichzeitiger Abweichung von unserm kanonischen Text eine eigentümliche Quelle anzunehmen. Dass die vierte Variante ὃ ἡτοίμασεν ὁ πατήρ μου in dem western text D. a. b. c. ff.¹·² g.¹ h. und damit in einer ganzen Reihe von Kirchenvätercitaten gefunden wird (Irenaeus Tertullian Cyprian Hilarius Sulpicius Severus Ambrosius Augustin) ³), ist nach dem oben (S. 49 u.) festgestellten Kanon zu beurteilen. Die erste Variante (ὑπάγετε) findet sich bei Hippolyt. περὶ τ. ἀντιχρ. S. 35. Zu Variante 3 ⁴) vergl. Symeon Metaphrastes Sermo IV., Dial. de recta in D. fide L. 16₂₇₄, auch Aphraates bei Zahn S. 202 (die Bösen gingen fort zu Feuer und Finsternis). Einen sonderbaren Mischtext bietet Hippolyt. περὶ τ. ἀντιχρ. (S. 35), der zunächst ὑπάγετε (s. o.) hat und

---

¹) Anders Ap. I 28¹ ὃν εἰς τὸ πῦρ πεμφθήσεσθαι μετὰ τῆς αὐτοῦ στρατιᾶς καὶ τῶν ἑπομένων ἀνθρώπων (I 52⁷) (fragm. b. Otto III S. 254 ὅτι πῦρ αἰώνιον αὐτῷ (τῷ σατανᾷ) ἡτοίμασται.)

²) σατανᾶς scheint Sprachgebrauch des J. gewesen zu sein, D. 103¹⁵ u. d. oben angeführte Fragment.

³) Daneben findet sie sich auch bei Clemens Al. und Origenes.

⁴) Bei Migne unter Basilius T. IV viginti quatuor de moribus sermones ex Basilii operibus a Symeone Metaphr. collectos S. 1157.

dann fortfährt *εἰς τὸ πῦρ τὸ αἰώνιον τὸ ἡτοιμασμένον τῷ διαβόλῳ καὶ τοῖς ἀγγέλοις αὐτοῦ, ὃ ἡτοίμασεν ὁ πατήρ μου*. Wo und in welchem Zusammenhang dieser Spruch gestanden, lässt sich nicht mehr mit irgend einer Sicherheit entscheiden. Die Zusammenstellung D. 76 liesse vielleicht auf einen Luk. 13,27 ff. parallelen grösseren Zusammenhang schliessen, in dem das Logion gestanden hätte. Andre Beobachtungen führen auf einen Paralleltext zu Matth. 25,31 ff. (s. die eigentümliche Gestaltung des in dieser Perikope unserm Spruche entsprechenden Logions bei Resch, Logion 16, S. 102. 164 ff.) [1]).

IV. D. 47,21. *ἐν οἷς ἂν ὑμᾶς καταλάβω ἐν τούτοις καὶ κρινῶ*.

Über dieses Logion hat wiederum Resch, Logion 39, alles beigebracht, was beizubringen ist. R. glaubt auch aus 1. Th. 5,4. Phil. 3,12 f. nachweisen zu können, dass Paulus mit diesem Spruch schon bekannt war und zwar denselben in der eigentümlichen Fassung kannte, in der er auch J. vorgelegen, da beide in dem Stichwort *καταλαμβάνειν* übereinstimmten. Diese Vermutung lässt sich leider nicht zur Gewissheit erheben [2]). — Eine genauer eingehende Wertung können wir leider auch bei diesem Logion nicht vornehmen, da uns die nötigen Beziehungspunkte fehlen.

§ 10. Sonstige bemerkenswerte Citate J.'s.

I. I 15,11. *οὐκ ἦλθον καλέσαι δικαίους ἀλλὰ ἁμαρτωλοὺς εἰς μετάνοιαν. θέλει γὰρ ὁ πατὴρ ὁ οὐράνιος τὴν μετάνοιαν τοῦ ἁμαρτωλοῦ ἢ τὴν κόλασιν αὐτοῦ*.

Dieses Wort hat Resch, Logion 51, nach seinem ganzen Umfange als ein Herrenwort aus der ausserkanonischen Quelle reklamiert. Ich möchte dem beistimmen und füge seinen auf S. 252 dafür angeführten Beweisen, noch den hinzu, dass wir hier wiederum dem Ausdrucke *ὁ πατὴρ ὁ οὐράνιος* begegnen, den wir schon des öfteren als Eigentümlichkeit unsrer Quelle begegnet sind.

II. D. 51,9. *ὁ νόμος καὶ οἱ προφῆται μέχρι Ἰωάννου τοῦ βαπτιστοῦ· ἐξ ὅτου ἡ βασιλεία τῶν οὐρανῶν βιάζεται καὶ*

---

[1]) R. dürfte noch II Clem. XI 7 und Hieron. Comm. in Ev. Matth. XXV 21—23 bei seiner Zusammenstellung heranziehen

[2]) Vergl. auch Nachtrag § 20 S. 290 f. und das dort angeführte Citat aus Clemens Al. Cohort IX 87.

βιασταὶ ἁρπάζουσιν αὐτήν, καὶ εἰ θέλετε δέξασθαι, αὐτός ἐστιν Ἡλίας ὁ μέλλων ἔρχεσθαι. ὁ ἔχων ὦτα ἀκούειν ἀκουέτω.
In der unter dem Namen des S. Antonius[1]) bei Migne B. XI. S. 999 ff. herausgegebenen Briefsammlung findet sich folgende Parallele:
Ep. III. S. 1006[2]). lex usque ad Joannem et exinde vim patitur regnum Dei, et vim inferentes illud rapiunt.

Ich kann mich nicht entschliessen, hier das Spiel eines Zufalls anzuerkennen. Auf welchen Wegen dieser Text zu zwei von einander so entlegenen Kirchenvätern gekommen sei, das können wir freilich nicht mehr nachweisen. Aber dass ein schriftlich fixierter Text den drei Citaten zu Grunde liegt, müssen wir nach allen den Beobachtungen, welche wir im Laufe der Untersuchung gemacht, annehmen. Dieser Text erscheint nun auf den ersten Blick als eine Kombination aus Matthäus und Lukas. Bei näherer Betrachtung aber ergiebt sich ein ganz andres Resultat. Sehen wir zuerst auf den Zusammenhang im Matthäus. Cap. 11,11 führt aus, dass Johannes der Täufer der grösste sei unter den von Weibern geborenen, und doch sei der kleinste im Himmelreich grösser als er. Das soll doch heissen: dass Johannes der Täufer eine jener (tragischen) Persönlichkeiten sei, der auf der Schwelle einer alten und einer neuen Zeit stehend, über die alte Zeit hinüberragt, aber doch in der neuen Zeit keine Wurzel schlagen kann. Wie schön passt zu diesem Gedankenzusammenhang die Begründung, wie wir sie bei Lukas und J. gleichmässig finden: „denn Gesetz und Propheten bis Johannes den Täufer". Die ganze alte Zeit und was in ihr hoch und heilig war, vergeht und macht der neuen Zeit Platz. Daran schliesst sich dann weiter sehr gut an der Wortlaut, wie ihn J. hier fast gleichlautend mit Matthäus erhalten hat. Von da an wird das Himmel-Reich vergewaltigt und mit Gewalt reisst man es an sich. Jesus hätte einfacher sagen können: „dann aber tritt das Reich Gottes ein". Aber dieses war doch für das Volk Israel noch nicht vorhanden, und so deutet er sogleich hin auf den Erkenntnisgrund der Nähe des Reiches Gottes, die gewaltige messianische Erregung, in der man das Reich Gottes herbeizwingen wollte, die er um sich, in seiner Zeit und in seinem Volk gewahrte. Und so kann Jesus denn

---

[1]) Antonii Magni Ep. XX nunc primum ex arabico latini juris factae ab. Abrahamo Echellensi.

[2]) Dazu vergleiche d. Parallelsammlung (S. 973 ff.) (Ep. VII ex Graeco latine redditae, interprete Valerio de Sarasio) ep. IV S. 992 lex atque prophetae usque ad Joannem, regnum coelorum vim patitur et violenti diripiunt illud.

schliessen: So ist dieser denn wirklich der Verkündiger einer neuen Zeit, der Elias, der da kommen soll.

Dem judaistischen Redaktor des Matthäus aber musste der Satz ὁ νόμος καὶ οἱ προφῆται μέχρις Ἰωάννου höchst unbequem sein, er musste ihn beseitigen und so machte er daraus (V. 13) einen recht unverständlichen Satz und aus dem ganzen Gedankenzusammenhang eine rechte Plage für die Exegeten. Lukas aber (16 16) hat dieses ganze Logion aus seinem Zusammenhang gehoben, den schwerverständlichen Gedanken von der Vergewaltigung des Himmelreiches in seine paulinisierende Sprache übertragen, ἀπὸ τότε ἡ βασιλεία τοῦ θεοῦ εὐαγγελίζεται, und ausserdem eine falsche Exegese getrieben, καὶ πᾶς εἰς αὐτὴν βιάζεται.

So bestätigt sich auch von dieser Seite uns die Annahme, dass J. hier einen besondern Text vor sich hatte. Denn es wäre doch wunderbar, wenn ein Gedächtnisspiel einen bessern Text geschaffen hätte, als unsre Synoptiker ihn uns bieten.

III. D. 100 [5]. πάντα μοι παραδέδοται ὑπὸ τοῦ πατρός. καὶ οὐδεὶς γιγνώσκει τὸν πατέρα εἰ μὴ ὁ υἱός, οὐδὲ τὸν υἱὸν εἰ μὴ ὁ πατὴρ καὶ οἷς ἂν ὁ υἱὸς ἀποκαλύψῃ.

I 63 [5]. οὐδεὶς ἔγνω τὸν πατέρα εἰ μὴ ὁ υἱός, οὐδὲ τὸν υἱὸν εἰ μὴ ὁ πατὴρ καὶ οἷς ἂν ἀποκαλύψῃ ὁ υἱός.

I 63 [19]. οὐδεὶς ἔγνω τὸν πατέρα εἰ μὴ ὁ υἱός, οὐδὲ τὸν υἱὸν εἰ μὴ ὁ πατὴρ καὶ οἷς ἂν ὁ υἱὸς ἀποκαλύψῃ.

Es wird zunächst hier auf eine möglichst allseitige Erhebung des textkritischen Apparats ankommen [1]).

1) Das μου hinter τοῦ πατρός fehlt bei ℵ. Hilarius Victorin. c. Arian. in Mtth. 11 27. D. a. c. l. vlg. cod. in Lk. 10 22.

2) Die Umkehr [2]) der beiden Satzhälften haben Ps. Clemens XVII 4. XVIII 4. 13 (zweimal) (20) Marcion (Tatian) die Markosier bei Irenaeus I 20 3. IV 6 2. Irenaeus selbst II 6 1. IV 6 3 (nicht IV 6 2 und IV 6 7). Origenes einmal in lateinischer Übersetzung, jedoch ohne Schluss (περὶ ἀρχ. II 6 1), (Eusebius

---

[1]) Zahn a. a. O. S. 555.
[2]) Es dürfte von Wichtigkeit sein, hier zu unterscheiden zwischen vollständigen Citaten, die den letzten Satz ᾧ ἐὰν βούλ. ὁ. υἱὸς ἀποκ. bringen und unvollständigen Citaten (von mir eingeklammert). Im letzteren Fall ist nämlich eine Gedächtnisirrung bei diesem Spruch ungemein leicht möglich, im ersteren nicht. Man wird sich das klar machen, wenn man selbst einmal versucht, den Spruch gedächtnismässig zu rekonstruieren.

viermal) [1]), Epiphanius [2]) neunmal, viermal nicht, (Alexander) [3]), (Athanasius zweimal) [4]), (Caesarius zweimal) [5]), (Phoebadius) [6]), (Pelagius) [7]), (Dialogus de recta fide bei Lomm. 16) [8]).

3) ἔγνω [9]) haben Ps. Clemens [5], die Markosier bei Irenaeus, Tertullian (s. Marc. II 27), Clemens [6] (ἐπιγινώσκει [1], γινώσκει [1]) [10]), Origenes [11], (nur ἔγνω) [11]), Eusebius [6] (viermal anders, einmal nach Luk.) [12]), Epiphanius [3] (sonst gewöhnlich οἶδεν) [13]), Didymus [14]), Alexander [15]), Dialogus [16]).

4) οἷς Ps. Clemens [4], Iren. IV 6₇ (bei sonst kanonischem Text).

5) ὁ υἱὸς ἀποκαλύψῃ. Die Markosier (I 20₃. IV 6₂). Iren. IV 6₃.₇. II 6₁. Marcion (b. Tertull.); Clemens und Origenes durchweg. Eusebius und Epiphanius an allen Stellen. Zunächst fällt eine Textdifferenz bei J. selbst auf. J. liest einmal γινώσκει, zweimal ἔγνω. Es wäre zu vermuten, dass hier in ersteren Fällen eine Textbearbeitung stattgefunden und zwar nach Lukas.

Im Matthäus ist die Lesart γινώσκει höchst selten.

Von den übrigen fünf Varianten lassen wir zunächst Variante 1 bei Seite, da aus ihr nichts mit Sicherheit bewiesen werden kann.

Das stetige Zusammengehen von J. mit Ps. Clemens in Variante 2. 3. 4 würde sich am besten erklären, wenn man

---

[1]) Dem. ev. IV 3. V 1 de eccles. theol. I 12. H. E. I 2₂.
[2]) Im vollständigen Zusammenhang nur Haer. 34₁₈. 74₄. 76₂₉, ausserdem ib. 69₄₃. 74₁₀. 76₂₃. Ank. XI, XIX, LXVII, dagegen H. 65₆. 76₇ (54₄. 64₉).
[3]) Alexander b. Migne B. XVIII 565 ep. I 12.
[4]) Athanasius I 83. 551.
[5]) Caesarius b. Migne B. XXXVIII 864. 877.
[6]) Phoebadius c. Arianos XI.
[7]) Pelagius XIV libr. ad. Pauli ep ad. Timoth. VI.
[8]) Dazu kommen an Handschr. bei Lk. 10₂₂ unter den Italahandschr. b. (a?) an Uncialen U.
[9]) Marcion hat lukanisches Wortgepräge und deshalb auch wohl wie Tertull. u. Epiphanius angeben, γινώσκει gehabt. Tatian ist unsicher.
[10]) Clemens: Coh. I₁₀. Paed. I 5₂₀. I 10₈₈. Strom. I 29—178. V 13₈₄. VII 10₅₈. γινωσκ. VII 18₁₀₉.
[11]) Origenes c. Cels. VI₁₇. Joann. XIII 24. XIX 1. (bis) XXXII 18. XX 7. c. Cels. II 7. in Joann. I 42. c. Cels. VII 44. Jo. XXXII 18. Sel. in Ps. I (L. 11. 393). Die lateinischen Übersetzungen sind dem gegenüber wertlos.
[12]) An den oben genannten Stellen, dazu ecl. prophet. I 12 de eccl. theol. I 16.
[13]) 34₁₈. 74₁₀ (76₇).
[14]) de trinitate II 5₁₄₃.
[15]) Alex. a. a. O. ep. ad. Alexandr. Const. 5.
[16]) Dazu noch ep. ad. Paul. Samosaten. b. Routh III 290 vergl. Tischendorf zu dieser Stelle.

annehmen könnte, dass beide den Spruch in ihrer besondern Quelle gelesen. Aber aus der weiten Verbreitung der einzelnen Varianten bei den Kirchenvätern meint man auf einen vorkanonischen Text (bei Matth. 11$_{27}$) schliessen zu können, ja man hält teilweise diesen Text für den ursprünglichen Wortlaut von Matth. 11$_{27}$, der dann absichtlich aus dogmatischen Gründen, die aus Irenaeus [1]) und dem Dialogus de recta in Deum fide [2]) hervorgingen, in unsern jetzigen Text umgeändert sei. Seltsam bleibt es allerdings, dass ein solcher vorkanonischer Text so fast spurlos verschwunden ist, und auch wenn man dogmatische Absichtlichkeit annimmt, so bleibt doch eine so radikale Textumänderung verwunderlich. Auch das bleibt bei dieser Annahme ein Rätsel, dass sich gerade bei den Schriftstellern des zweiten Jahrhunderts eine viel breitere Übereinstimmung zeigt, während nur einige Varianten des ursprünglichen Textes, unter diesen aber gerade diejenige, auf die es bei jener dogmatischen Änderung hauptsächlich ankam (das $ἔγνω$), sich auch noch bei späteren Kirchenvätern sehr häufig finden.

Überlegen wir einmal, ob wir bei Annahme eines ausserkanonischen Textes weiter kommen. Führen wir bei der Variante 2 jene oben ausgeführte Unterscheidung [3]) durch, so bleiben als sichere Zeugen nur Schriften des zweiten Jahrhunderts und Epiphanius, die jene Umstellung der beiden Vershälften haben. Bei allen übrigen Zeugen können wir ein Spiel des Zufalls annehmen. Hier stände also der Annahme einer ausserkanonischen Quelle nichts im Wege [4]).

Variante 3 macht allerdings grössere Schwierigkeiten. Sie müsste, wie die Übersicht zeigt, sehr stark aus einem ausserkanonischen Text in den kanonischen eingedrungen sein. Immerhin machte die weite Bezeugung dieser Variante die Annahme eines ausserkanonischen Textes nicht unmöglich. Es bliebe aber auch die Vermutung übrig, dass wir bei dieser Variante allein einen vorkanonischen Text und zwar dann als den für Matth. 11$_{27}$ ursprünglichen anzunehmen hätten.

Die vierte Variante führt direkt auf einen ausserkanonischen Text.

Rätselhaft bliebe dabei die fünfte Variante, da in dieser J. und Ps. Clemens auseinandergehen, dagegen Clemens, Origenes und spätere hier durchweg auf die Seite J.'s treten.

---

[1]) Adv. h. IV 6$_1$ Harvery I 158.
[2]) Lomm. 16. 283.
[3]) S. 231 Anm.
[4]) Dass diese Varianten in Italahandschr. eingedrungen, kann nichts dagegen beweisen. Rätselhaft bleibt allerdings, dass auch der späte Uncialkodex U. so liest.

Genug, wir kommen zu keinem ganz gesicherten Resultat. Müssten wir durchweg alle Varianten auf einen ausserkanonischen Text zurückführen, so dürften wir die Vermutung nicht umgehen, dass schon Matthäus und Lukas in ihrem Text aus dogmatischen antignostischen Gründen geändert.

IV. D. 107. γέγραπται ἐν τοῖς ἀπομνημονεύμασιν, ὅτι οἱ ἀπὸ τοῦ γένους ὑμῶν συζητοῦντες αὐτῷ ἔλεγον ὅτι δεῖξον ἡμῖν σημεῖον. καὶ ἀπεκρίνατο αὐτοῖς· γενεὰ πονηρὰ καὶ μοιχαλὶς σημεῖον ἐπιζητεῖ, καὶ σημεῖον οὐ δοθήσεται αὐτοῖς εἰ μὴ τὸ σημεῖον Ἰωνᾶ. καὶ ταῦτα λέγοντος αὐτοῦ παρακεκαλυμμένα ἦν νοεῖσθαι ὑπὸ τῶν ἀκουόντων, ὅτι μετὰ τὸ σταυρωθῆναι αὐτὸν τῇ τρίτῃ ἡμέρᾳ ἀναστήσεται. καὶ πονηροτέραν τὴν γενεὰν ὑμῶν καὶ μοιχαλίδα μᾶλλον τῆς Νινευϊτῶν πόλεως ἐδήλου, οἵτινες τοῦ Ἰωνᾶ κηρύξαντος .... νηστείαν .... ἐκήρυξαν.

Welche von den verschiedenen Erzählungen der Synoptiker hat J. hier benutzt? Der Satz γενεὰ πονηρὰ — σημ. ἐπιζητεῖ führt zunächst von Luk. ab (hier steht ἡ γενεὰ αὕτη σημεῖον ζητεῖ) und seiner wörtlichen Übereinstimmung wegen auf Matth. 12 38 ff. oder 16 1 ff. Aber auch aus Matth. 16 kann J. wegen der weiteren Ausführungen diese Stelle nicht entlehnt haben. Nun aber wäre es doch wunderbar, wenn J. hier wirklich dem Matth. zunächst genau wörtlich folgte, und dann eine Nachricht brächte, die ihm direkt widerspräche. Das aber thut er indem er fortfährt: „Und als er dies sagte, blieb es verborgen, dass er ... am dritten Tage auferstehen werde". (Dagegen vergleiche Mtth. 12 40) [1]). Also werden wir zu dem Schluss gedrängt, dass J. einer besondern Quelle folgt.

Prüfen wir nun den Wert von J.'s Überlieferung, so kommen wir zu demselben Resultat. Die Evangelienkritik hat bereits erkannt, dass Mt. 12 40 eine ungeschickte Glosse ist und dass Luk. 11 30 die richtige Auslegung des Wortes vom Jonaszeichen gegeben ist. Wie Jonas den Niniviten ein σημεῖον war, indem er sie zur Busse rief, so soll auch Jesus den Juden ein σημεῖον werden. Daran schliesst sich dann sehr schön (Mtth. 12 41) das strafende Wort an, dass „dies Geschlecht" unbussfertiger sei als das Geschlecht der Niniviten. Lukas, der den Zusammenhang nicht mehr ganz zu durchschauen scheint, bringt dasselbe Wort erst hinter dem Logion von der Königin des Südens. J. aber hat ganz offenbar diesen Zusammenhang in seinem Evangelium vor Augen gehabt.

Der Syr. Cur. liest Luk. 11 29 f. σημεῖον ἐπιζητεῖ (? Baethgen) καὶ σημεῖον οὐ δοθήσεται αὐτῇ, ἀλλὰ (Ti. gegen Baethgen)

---

[1]) Dass J. mit Mt. 12 40 nicht bekannt war, zeigt auch seine Auslegung des Jonaszeichens D. 108.

καθὼς ἐγένετο Ἰωνᾶς σημεῖον τοῖς Νινευίταις οὕτω καὶ ὁ υἱὸς τοῦ ἀνθρώπου τῇ γενεᾷ ταύτῃ. Hier tritt der oben festgestellte Zusammenhang noch klarer hervor. Die Zeichenforderung wird rundweg abgewiesen, und ein ganz anderartiges Zeichen (ἀλλὰ) geweissagt, das Zeichen der Busspredigt [1]). — Es wäre möglich, dass hier die vorliegende Handschr. nach einer wertvollen ausserkanonischen Quelle überarbeitet ist [2]). Dann freilich müsste das εἰ μὴ τὸ σημεῖον Ἰωνᾶ bei J. auch schon aus unsern Synoptikern stammen.

V. D. 49₁₅. διὸ καὶ ὁ ἡμέτερος Χρ. εἰρήκει ἐπὶ γῆς τότε λέγουσι πρὸ τοῦ Χρ. Ἡλίαν δεῖ ἐλθεῖν. Ἡλίας μὲν ἐλεύσεται καὶ ἀποκαταστήσει πάντα, λέγω δὲ ὑμῖν ὅτι Ἡλίας ἤδη ἦλθε καὶ οὐκ ἐπέγνωσαν αὐτὸν ἀλλ᾽ ἐποίησαν αὐτῷ ὅσα ἠθέλησαν. καὶ γέγραπται ὅτι τότε συνῆκαν οἱ μαθηταὶ ὅτι περὶ Ἰωάννου τοῦ βαπτιστοῦ εἶπεν αὐτοῖς.

Es sind hier drei Varianten zu verzeichnen, die diesmal jedoch sämmtlich handschriftlich bezeugt sind:

1) ἐλεύσεται statt ἔρχεται, bestätigt durch die folgende Ausführung bei J. selbst, findet sich wieder in zwei Italakodices ff. [1] venturus est. f. veniet.

2) αὐτῷ statt ἐν αὐτῷ, so auch ℵ D. it. pler. (F. Min.) [3]).

3) In J.'s Text fehlten ersichtlich die Worte οὕτως καὶ ὁ υἱὸς τοῦ ἀνθρώπου μέλλει πάσχειν ὑπ᾽ αὐτῶν. Dieser Satz steht in einer Reihe von Handschr. des western text D. a. b. c. e. (praemittit „et ait illis") ff. [1], ff. [2], g. [1] — hinter dem Satze τότε συνῆκαν οἱ μαθηταί.

Hier lässt sich also schwer entscheiden. Jedoch kann man sagen, dass J. durch das doppelt bezeugte ἐλεύσεται in seinen Texteigentümlichkeiten über die gut bezeugten Lesarten des western text hinausgreift. Es bleibt also nach allem voraufgegangenen die grössere Wahrscheinlichkeit, dass wir hier einen ausserkanonischen Text J.'s vor uns haben. Dann wäre der Zusatz in Matth. 12 b dadurch entstanden, dass der Redaktor des Matthäusevangeliums seine Quelle nach der Markusrelation, in der die eigne Todesweissagung Christi in gutem Zusammenhang steht, überarbeitet hätte. J. würde Kenntnis der Quelle selbst beweisen, der western text aber wäre so entstanden, dass Matthäus zuerst nach derselben Quelle korrigiert, später aber der ausgelassene Satz wieder an den Rand gesetzt wurde.

Oder aber wir nehmen einen vorkanonischen Text an. Dann

---

[1]) Damit erklärte sich auch d. von Mrk. überlieferte Traditionsvariante, das einfache σημεῖον οὐ δοθήσεται.

[2]) Damit wird auch Baethg. Übersetzung ἐπιζητεῖ hochwichtig, auch wird ihre Richtigkeit durch diese Erwägungen bestätigt.

[3]) S. Tischendorf.

verträte J. seine ursprüngliche Stufe, da bei ihm Mt. V. 12 b. ganz fehlt, die Handschr. des western text eine spätere, auf der er allmählich wieder einzudringen beginnt. — Bei dieser Annahme aber wäre ich geneigt, den von J. und dem western Text bezeugten vorkanonischen Text auch für den ursprünglichen zu erklären und Matth. 17$_{19}$ b. für eine Glosse zu halten. Doch möchte ich mich dem ganzen Lauf der Untersuchung nach lieber für die erste Möglichkeit entscheiden.

VI. I 16 [9]. καὶ προσελθόντος αὐτῷ τινος καὶ εἰπόντος · Διδάσκαλε ἀγαθὲ, ἀπεκρίνατο λέγων · οὐδεὶς ἀγαθὸς εἰ μὴ μόνος ὁ θεὸς, ὁ ποιήσας τὰ πάντα.

D. 101$_6$. λέγοντος αὐτῷ τινος · διδάσκαλε ἀγαθὲ ἀπεκρίνατο τί με λέγεις ἀγαθὸν εἷς ἐστιν ἀγαθὸς ὁ πατήρ μου ὁ ἐν τοῖς οὐρανοῖς.

Wir haben zunächst die zweite Hälfte des Logions zu untersuchen. Der Wortlaut der Stelle, wie sie in der Apologie angeführt ist, führt nicht über den Text des Mark.-Lk. hinaus. μόνος ist Lesart des western text: D. (μόνος εἷς θεός d.), b. (unus ac solus Deus), c. ff. [2] (solus Deus). ὁ ποιήσας τὰ πάντα ist ein antignostischer Zusatz J.'s, der vielleicht durch den vorhergehenden Spruch veranlasst ist (s. Note 8).

In der zweiten Stelle dagegen liegt ein eigentümlicher Wortlaut vor. J. hat hier einen Text, der unserm kanonischen Matth. parallel läuft. Hier aber konnte J. nach dem ihm vorliegenden Text nur lesen: τί με ἐρωτᾷς περὶ τοῦ ἀγαθοῦ; εἷς ἐστιν ὁ ἀγαθός · Und nun vergleiche man folgende Parallelen:

Ps. Cl. Hom. XVIII 1 und 3. μή με λέγε ἀγαθὸν (ὁ γὰρ) ἀγαθὸς εἷς ἐστιν ὁ πατὴρ ὁ ἐν τοῖς οὐρανοῖς.

Markosier b. Iren. I 20$_2$. τῷ εἰπόντι αὐτῷ διδάσκαλε ἀγαθέ .... τί με λέγεις ἀγαθὸν εἷς ἐστιν ἀγαθὸς ὁ πατὴρ μου ὁ ἐν τοῖς οὐρανοῖς.

Ptolemaeus ap. Epiph. H. 33$_7$ [1]). ἕνα γὰρ μόνον εἶναι ἀγαθὸν θεὸν τὸν ἑαυτοῦ πατέρα ὁ σωτὴρ ἡμῶν ἀπεφήνατο.

Marcion ap. Epiph. H. 42, 50 [2]). μή με λέγε ἀγαθὸν, εἷς ἐστιν ἀγαθὸς ὁ θεὸς ὁ πατήρ [3]).

Nausseni Hippol. V$_7$ [4]). τί με λέγεις ἀγαθὸν; εἷς ἐστιν ἀγαθὸς ὁ πατήρ μου ὁ ἐν τοῖς οὐρανοῖς.

Epiphanius H. 69$_{19}$ u. 57 [5]). τί με λέγεις ἀγαθόν; εἷς ἐστιν ἀγαθὸς ὁ θεός.

D. b. c. ff. [12] l. vlg. Cur. haben den Zusatz ὁ θεός, e.

---

[1]) S. 221.
[2]) S. 339.
[3]) „προσέθετο ἐκεῖνος ὁ πατήρ".
[4]) A. a. O. 3134.
[5]) S. 742. 780.

deus pater. Origenes sehr oft (ich zähle neunmal) (ὁ θεός) weniger oft) ὁ πατήρ. Durch diese Wolke von Zeugen, bei denen allen wir den Gebrauch einer eigentümlichen Quelle vermuten können, steht fest, dass wir es hier mit einem besondern Texte zu thun haben, und zwar mit einem Texte, aus dem durch dogmatische Abänderung unser kanonischer Matthäus entstanden ist. Besonders wichtig ist hier wiederum die Variante ὁ πατήρ (μου) ὁ ἐν τοῖς οὐρανοῖς, die wir wiederfinden bei Ps. Clemens, den Markosiern, den Naassenern. Mit immer grösserer Sicherheit können wir konstatieren, dass ein Ausdruck wie ὁ πατήρ μου ὁ ἐν τοῖς οὐρανοῖς Sprachgut der eigentümlichen Quelle J.'s war ¹).

Aber wir können noch mehr beweisen. Auch die erste Hälfte des Logions, wie sie sich bei J., sowohl im Dial., als in der Apol. findet, weist auf eine besondre Quelle. Man vergleiche das Fragment des Hebräerevangeliums ²): καὶ ἰδοὺ προσῆλθον αὐτῷ δύο πλούσιοι. εἷς εἶπεν · διδάσκαλε ἀγαθέ, ὁ δὲ εἶπεν μή με λέγε ἀγαθόν · εἷς ἐστιν ἀγαθός, ὁ πατήρ μου ὁ ἐν τοῖς οὐρανοῖς. dixit ad eum alter divitum: Magister, quid bonum faciens vivam?

Hier hat sich offenbar die richtige Überlieferung erhalten, dass der Bericht, den unsre Synoptiker haben, aus zwei Erzählungen bestand, deren eine von der Zurückweisung der Anrede „guter Meister" seitens Jesu handelte, während die andre von der Antwort Jesu erzählte auf die Frage: τί ποιήσας ζωὴν αἰώνιον κληρονομήσω. Und damit vergleiche man nun J.'s Einleitung unsres Gesprächs. Beide Male beschränkt er sich darauf, zu erzählen, dass Jesus mit διδάσκαλε ἀγαθέ angeredet sei, beide Male hat er nicht die Fortsetzung der Synoptiker, τί ποιήσας ζωὴν αἰώνιον κληρονομήσω. So hat denn auch ihm eine Quelle vorgelegen, in der die beiden Erzählungen getrennt waren, also jedenfalls eine ältere Quelle, als unsre Synoptiker. Vielleicht spielte auch schon bei der Zusammenziehung der beiden Erzählungen ein dogmatischer Grund mit. Man wagte das fatale οὐδεὶς ἀγαθὸς εἰ μὴ εἷς ὁ θεός nicht ganz zu beseitigen und schob es daher in eine nebensächliche Stellung ³).

---

¹) Bei Tatian und Clemens ist dies ὁ πατήρ μου ὁ ἐν τοῖς οὐρανοῖς in einen sonst durchweg Lukanischen Text eingedrungen. — Bruchstücke dieser Lesart sind auch bei Mt. in den western text gekommen, so dass dieser hier wiederum als Zeuge für eine eigentümliche Evangelienquelle, nach der er bearbeitet ist, eintritt.

²) Hilgenfeld S. 16.

³) Ob uns freilich das Hebräerev. die ursprüngliche Gestaltung dieser Erzählungen erhalten hat, ist fraglich. Das δύο πλούσιοι sieht etwa aus, wie eine Korrektur unsrer Synoptiker. Eher dürfte der Anfang etwa, wie er sich bei J. erhalten, ursprünglich sein.

VII. I 17⁶. πρὸς ἀναλογίαν ὧν ἔλαβε δυνάμεων παρὰ θεοῦ τὸν λόγον ἀπαιτηθήσεσθαι, ὡς ὁ Χρ. ἐμήνυσεν εἰπών· ᾧ πλέον ἔδωκεν ὁ θεὸς πλέον καὶ ἀπαιτηθήσεται παρ' αὐτοῦ [1]).
Dazu folgende Parallelen:
Presbyt. b. Irenaeus veniet filius in gloria patris exquirens ab actoribus et dispensatoribus suis pecuniam .... cum usuris et quibus plurimum dedit plurimum ab eis exiget.
Clemens Al. Strom. II 23₁₄₇ [2]) ᾧ πλεῖον ἐδόθη οὗτος καὶ ἀπαιτηθήσεται.
Cod. D. παντὶ δὲ ᾧ ἔδωκαν πολὺ, ζητήσουσιν ἀπ' αὐτοῦ περισσότερον καὶ ᾧ παρέθεντο πολὺ, πλέον ἀπαιτήσουσιν [3]).
Auch hier dürfen wir eine besondre Quelle J.'s vermuten. Das beweist 1) die kurze prägnante Form des Logions, 2) die wörtliche Wiederkehr desselben bei den Presbytern des Irenaeus (die Haupteigentümlichkeiten desselben sind: die Beziehung des Verbums auf Gott und das πλέον — πλέον), 3) das Eindringen einiger Lesarten (vergl. d. ἔδωκαν u. πλέον ἀπαιτήσουσι) in den Cod. D., 4) die Parallelen mit Clemens.

So können wir auch die Vermutung wagen, die mir aus einem Vergleich zwischen dem J.'schen Citat, den „Presbytern" und D. 125 sich zu ergeben scheint, dass dieses Logion ursprünglich im Zusammenhang des Gleichnisses von den anvertrauten Pfunden stand. Luk. 12₄₈ hat es wohl kaum in den rechten Zusammenhang hineingestellt, da er hier überhaupt ziemlich regellos eine Reihe von Logien zusammenträgt.

§ 11. Nachtrag.

Ich stelle nun noch eine Reihe von Beobachtungen zusammen, die zwar nicht entscheidend sind, aber das gewonnene Resultat zu bestätigen vermögen.
1) In der Versuchungsgeschichte zeigt J. (D. 103¹⁹. 125¹¹), soweit der Text vorliegt, Übereinstimmung mit Mtth. Bemer-

---

[1]) Vergl. D. 125₃ ἐπειδή γε ἐκεῖνος ὁ ἐμὸς κύριος ὡς ἰσχυρὸς καὶ δυνατός τὰ ἴδια παρὰ πάντων ἀπαιτήσει ... καὶ τὸν οἰκονόμον τὸν ἑαυτοῦ οὐ καταδικάσει εἰ γνωρίζοι αὐτὸν ... ἐπὶ πᾶσαν τράπεζαν διδόντα.
[2]) S. 507.
[3]) Epiph. Ank. 26 (II 32) ᾧ δίδοται περισσότερον περισσότερον ἀπαιτήσουσιν αὐτόν. Hieronym. in Malachiam II V. 1. 2. cui plus dederint plus exigent ab. eo. (VI 955).

kenswert ist nur, dass J. mit D. (Є) Tatian liest ὕπαγε ὀπίσω μου σατανᾶ.

2) D. 51³ καὶ εὐηγγελίζετο καὶ αὐτὸς λέγων ὅτι ἐγγύς ἐστιν ἡ βασιλεία τῶν οὐρανῶν. Ebenso liest Syr. Cur. zu Mtth. 4₁₅ nur ἤγγικεν ἡ βασιλεία τῶν οὐρανῶν.

3) Einen mit Matth. 8₁₁ vollständig übereinstimmenden Text bringt J. D. 76¹². D. 120¹⁷. D. 140¹² jedesmal mit der Umstellung ἥξουσιν ἀπύ.

3) In der Perikope über die Jüngerberufung ist zu vergleichen Cod. D. zu Lk. 6₁₄ πρῶτον Σίμωνα ὃν καὶ Πέτρον ἐπωνόμασεν und D. 100¹³ καὶ γὰρ υἱὸν θεοῦ Χριστὸν κατὰ τὴν τοῦ πατρὸς ἀποκάλυψιν ἐπιγνόντα αὐτὸν ἕνα τῶν μαθητῶν αὐτοῦ Σίμωνα πρότερον καλούμενον ἐπωνόμασε Πέτρον. D. 106₉ μετωνομακέναι αὐτὸν Πέτρον ἕνα τῶν ἀποστόλων.

4) I 19₁₁ μὴ φοβεῖσθε τοὺς ἀναιροῦντας ὑμᾶς καὶ μετὰ ταῦτα μὴ δυναμένους τι ποιῆσαι, εἶπε, φοβηθῆτε δὲ τὸν μετὰ τὸ ἀποθανεῖν δυνάμενον καὶ ψυχὴν καὶ σῶμα εἰς γεένναν ἐμβαλεῖν.

Dieser Spruch erscheint als Kombination zwischen Matthäus und Lukas. Denn während Matthäus seinen Spruch auf den Gegensatz, zwischen denen, die den Leib töten, und denen, der Leib und Seele zu töten vermag, zuspitzt, Luk. aber mehr von dem Gegensatze derer, die vor dem Tode, und dessen, der nach dem Tode schaden kann, redet, — scheint J. in der ersten Hälfte dem Luk., in der zweiten dem Matth. zu folgen, um dann schliesslich wieder in den Wortlaut des Lukas einzumünden.

Eine Parallele bietet II Clem. Cap. 5 in einem, Zusammenhang, der auch sonst viel eigentümliches bietet:

μὴ φοβεῖσθε τοὺς ἀποκτέννοντας ὑμᾶς καὶ μηδὲν ὑμῖν δυναμένους ποιεῖν, ἀλλὰ φοβεῖσθε τὸν μετὰ τὸ ἀποθανεῖν ὑμᾶς ἔχοντα ἐξουσίαν ψυχῆς καὶ σώματος τοῦ βαλεῖν εἰς γεένναν πυρός.

Ps. Clemens XVII 5 bietet in einem dem Matthäus entsprechenden Zusammenhang den Schluss: φοβηθῆτε τὸν δυνάμενον καὶ σῶμα καὶ ψυχὴν εἰς τὴν γεένναν τοῦ πυρὸς βαλεῖν. Cod. D. hat Matth. 10₂₈ beide Male φοβηθῆτε. D. it. (exc. k) εἰς γεένναν (ibid.).

Es wäre doch möglich [1]), dass hier ein eigentümlicher Text vorläge. Doch sicher entscheiden lässt sich das nicht.

5) D. 76²² δεῖ τὸν υἱὸν τοῦ ἀνθρώπου πολλὰ παθεῖν καὶ ἀποδοκιμασθῆναι ὑπὸ τῶν γραμματέων καὶ Φαρισαίων

---

[1]) Die Beziehung d. Resch S. 377 zwischen den II. Clem. 5 vorangehenden Logion ἔσεσθε ὡς ἄρνια ἐν μέσῳ λύκων mit J. I 58 hat finden wollen, ist allzu unsicher.

καὶ σταυρωθῆναι καὶ τῇ τρίτῃ ἡμέρᾳ ἀναστῆναι. D. 100 [8] ebenso, nur Φαρισ. κ. γραμμ.

D. 51 [4] δεῖ αὐτὸν πολλὰ παθεῖν ἀπὸ τῶν γραμματέων καὶ Φαρισαίων καὶ σταυρωθῆναι καὶ τῇ τρίτῃ ἡμέρᾳ ἀναστῆναι [1]).

Die von keiner Handschr. bezeugten Lesarten γραμματέων καὶ Φαρισαίων und σταυρωθῆναι weisen auf einen besonderen Text. Doch sind sie zu wenig charakteristisch, als dass wir ihre Spuren weiter verfolgen könnten.

6) In dem Logion von den Eunuchen (I 15 [5] = Mt. 19$_{12}$) ist die Umstellung des ersten und zweiten Satzes bemerkenswert, die sich bei Epiph. haer. 25$_6$. 32$_5$ wiederholt. Während Mt. ferner vor dem Logion liest οὐ πάντες χωροῦσιν τὸν λόγον τοῦτον ἀλλ᾽ οἷς δέδοται und nachher ὁ δυνάμενος χωρεῖν χωρείτω hat J. am Schluss πλὴν οὐ πάντες τοῦτο χωροῦσιν. Doch kann das immerhin gedächtnissmässig entstandene Verkürzung sein.

7) In der Perikope über den Zinsgroschen (I 17 [2]) ist bemerkenswert, dass J. abweichend von allen Synoptikern φόρους τελεῖν hat, denselben Ausdruck, den wir bei Paulus Rö. 12$_6$ finden. Die Lesart J.'s νόμισμα finden wir auch in Cod. D. bei Luk. (freilich auch bei Mtth.). J. liest τῷ Καίσαρι (statt Καίσαρι), ebenso auch der Cod. D. bei allen drei Synoptikern (auch Clemens und Origenes).

8) In den Texten aus der Strafpredigt gegen die Pharisäer, ist folgendes Logion wegen seiner wörtlichen Wiederholung bemerkenswert (D. 17[17]. 112[9]).

τάφοι κεκονιαμένοι ἔξωθεν φαινόμενοι ὡραῖοι ἔσωθεν δὲ γέμοντες ὀστέων νεκρῶν (D. 112 καὶ ἔσωθεν) [2]).

Bemerkenswert ist auch folgender Satz:

οὐαὶ ὑμῖν γραμματεῖς, ὅτι τὰς κλεῖς ἔχετε καὶ αὐτοὶ οὐκ εἰσέρχεσθε καὶ τοὺς εἰσερχομένους κωλύετε [3]) (D. 17[18]). Dazu folgende Parallelen: γραμματεῖς setzen auch Syr. Cur. und Pesch.

---

[1]) Teilweise Parallelen Irenaeus a. h. III 18$_4$. Harv. I 98 multa pati a sacerdotibus et reprobari et crucifigi et tertio die resurgere. Origenes in Jo. XIX 4. 2$_{177}$ ἀπὸ τῶν ἀρχιερέων καὶ Φαρισαίων καὶ γραμματέων καὶ ἀποκτανθῆναι. In den Varienten ἀπό — ὑπό, τῇ τρίτῃ ἡμέρᾳ — μετὰ τρεῖς ἡμέρας, ἀναστῆναι — ἐγερθῆναι variieren die Handschr. bei unsern Synoptikern sehr mannigfaltig.

[2]) Nausseni ap. Hippol. Philos. V 8 a. a. O. 3146 τάφοι ἐστὲ κεκονιαμένοι γέμοντές φησιν ἔσωθεν ὀστέων νεκρῶν (cf. Hieronymus in Isaiam XVIII 66. IV 815. Ps. Hieron. breviarium in Psalmos V. (Migne Hieron. T. VII 880)).

[3]) A. B. lesen nach Otto οὐκ εἰσέλθητε καὶ τοὺς ἐρχομένους ἐκωλύσατε in marquine. Hier erblicken wir wieder einen Abschreiber in

voraus; *τὰς κλεῖς*, Tatian. S. Cur. Pesch; *ἔχετε.* cf. Ps. Clem. Hom.
III 18 *κρατοῦσιν μὲν τὴν κλεῖν* XVIII 15 *παρ' αὐτοῖς γὰρ ἡ κλεῖς τῆς βασιλείας τῶν οὐρανῶν ἀπέκειτο.* (conf. Ps. Basilius Comment. in Isaiam. XIII 257 Ambrosiaster in. ep. ad. Roman. XI 8—10 (IV 90).

§ 12. Der Leidensbericht.

Es ist zu vermuten und vermutet worden, dass die Quelle, deren Benutzung bei J. wir nachgehen, auch einen kurzen Leidensbericht umfasst habe. Doch ist anzunehmen, dass die Synoptiker diesen Bericht so vollkommen in sich aufgenommen, dass wir kaum mehr hoffen können auf selbständige Spuren desselben bei J. zu stossen. Die in Betracht kommenden Stellen hat Resch S. 472 ff. zusammengestellt, und wie ich glaube, mit Recht hervorgehoben, dass die sich vorfindenden Abweichungen von unsern Synoptikern kaum etwas beweisen. Dagegen beweisen sie, dass der Leidensbericht immer mehr ins Detail ausgemalt wurde, nach den Weissagungen aus dem alten Testament, die sich auf das Leiden Christi bezogen.

An einer Stelle aber dürfte man doch eine besondre Quelle J.'s vermuten. Folgende Zusammenstellung wird das klar machen.

---

seiner textvernichtenden Thätigkeit. Wie viel ursprüngliches mag auf diese Weise auch von dem neutestamentlichen Text J.'s verloren gegangen sein.

[1]) S. Zahn. Tatian § 77.
[2]) S. 41_{12}. 174_{27}.
[3]) Migne Basilius II 572.
[4]) Ein Beispiel ist besonders lehrreich: I 32 *πῶλος γάρ τις ὄνου εἱστήκει ἔν τινὶ εἰσόδῳ κώμης πρὸς ἄμπελον δεδεμένος.* Dazu ist nun zu vergl. Ephraem in Gen. (49) Assem. I 108. Ephraem behandelt hier die Weissagung, Gen. 49, dass der Messias sein Füllen an den Weinstock binden werde und deutet dieselbe zunächst allegorisch darauf, dass Christi Reich im Judentum entstanden sei. Andre aber seien der Meinung, dass sich jene Weissagung auch wörtlich erfüllt habe. Porro qui id X. praestitisse aiunt, cogitant in aditu templi assurrexisse vitem, ad quam D. templum aggressurus pullum asinae alligaverit, vel autumnant jumentum illud viti alligatum fuisse in castello, unde fuit a discipulis abductum, idque ex illis verbis Christi conjectant. — So wurde Geschichte gemacht.

111

I 50⁶	D. 53¹⁵	D. 106⁵
μετὰ οὖν τὸ σταυρω-θῆναι αὐτὸν καὶ οἱ μαθηταὶ αὐτοῦ πάντες ἀπε-στράφησαν ἀρνησάμενοι αὐτόν, ὕστερον δὲ ἐκ νεκρῶν ἀνα-στάντος καὶ ὀφθέντος αὐτοῖς καὶ δυνάμιν ἐκεῖθεν αὐτοῖς πεμφθεῖσαν παρ' αὐτοῦ λα-βόντες καὶ εἰς πᾶν γένος ἀνθρώπων ἐλθόντες ταῦτα ἐδίδαξαν καὶ ἀπόστολοι προσηγορεύ-θησαν.	μετὰ γὰρ τὸ σταυρω-θῆναι αὐτὸν οἱ σὺν αὐ-τῷ ὄντες μαθηταὶ αὐ-τοῦ διεσκεδάσθησαν, μέχρις ὅτου ἀνέστη ἐκ νεκρῶν καὶ πέπεικεν αὐτοὺς, ὅτι οὕτως προεπεπροφήτευτο περὶ αὐτοῦ παθεῖν αὐτόν, καὶ οὕτω πεισθέντες καὶ εἰς τὴν πᾶσαν οἰκου-μένην ἐξελθόντες ταῦτα ἐδίδαξαν	οὗτοι (μετωνόμασαν) ἐπὶ τῇ ἀφίστασθαι αὐ-τοῦ ὅτε ἐσταυρώθη) οὐκ ἤδεισαν τὸ ἀναστῆναι αὐ-τὸν ἐκ νεκρῶν καὶ πεισθῆναι ὑπ' αὐτοῦ ὅτι καὶ πρὸ τοῦ παθεῖν ἔλεγεν αὐ-τοῖς ὅτι . . . δεῖ παθεῖν καὶ ὑπὸ τ. προφητῶν ὅτι προεκεκήρυκτο

cf. I 45⁵. I 39 |

Mit Sicherheit lässt sich hier natürlich nicht entscheiden. Aber die auffälligen Wiederholungen, namentlich in Parallele 1 u. 2 (da man die Worte über Himmelfahrt und Geistausgiessung im ersten Bericht schon dem ganzen Satzgefüge nach für entschieden eingeschoben halten muss), machen doch eine schriftliche Quelle, der J. hier gefolgt wäre, wahrscheinlich [1]).

Bemerkenswert ist auch die Fassung der Einsetzungsworte des Abendmahls bei J.:

I 66[5] οἱ γὰρ ἀπόστολοι ἐν τοῖς γενομένοις ὑπ᾽ αὐτῶν ἀπομνημονευμάσιν, ἃ καλεῖται εὐαγγέλια, οὕτως παρέδωκαν ἐντετάλθαι αὐτοῖς· τὸν Ἰησοῦν λαβόντα ἄρτον εὐχαριστήσαντα εἰπεῖν : τοῦτο ποιεῖτε εἰς τὴν ἀνάμνησίν μου, τοῦτό ἐστιν τὸ σῶμά μου, καὶ τὸ ποτήριον ὁμοίως λαβόντα καὶ εὐχαριστήσαντα εἰπεῖν· τοῦτό ἐστι τὸ αἷμά μου καὶ μόνοις αὐτοῖς μεταδοῦναι.

Die Worte J.'s nähern sich sehr der lukanisch-paulinischen Fassung. Aber gerade den specifisch paulinischen Schluss τοῦτο τὸ ποτήριον ἡ καινὴ διαθήκη ἐστὶν ἐν τῷ ἐμῷ αἵματι lässt J. fort.

Wo haben wir aber den ursprünglichen Abendwahlsbericht zu suchen, bei Paulus oder bei den Synoptikern? Ich sollte doch meinen bei Paulus, der so ausdrücklich bekannt ἐγὼ γὰρ παρέλαβον ἀπὸ τοῦ κυρίου. Es wäre unbegreiflich, wenigstens wie Paulus die Worte τοῦτο ποιεῖτε εἰς τὴν ἐμὴν ἀνάμνησιν hätte aus eignen Stücken hinzufügen können. Denn er hätte damit den Sinn der ganzen Handlung alteriert. Dagegen ist es wohl erklärlich, dass diese Worte verschwanden, — und das muss schon in der frühesten Zeit der Christenheit geschehen sein — die symbolische Auffassung der heiligen Handlung in eine mehr mystisch realistische überging. Es ist auch ferner kein Grund vorhanden, weshalb Paulus die Worte τοῦτο γάρ ἐστι τὸ αἷμά μου τῆς διαθήκης τὸ περὶ πολλῶν ἐκχυνόμενον εἰς ἄφεσιν ἁμαρτιῶν, hätte ändern sollen, wenn er sie wirklich vorgefunden. Auf der andern Seite wird Jesus auch kaum die Worte paulinischen Gepräges gesprochen haben τοῦτο τὸ ποτήριον ἡ καινὴ διαθήκη ἐστίν ἐν τῷ ἐμῷ αἵματι. Alles erklärt sich, wenn wir annehmen, dass im Abendmahlsbericht

---

[1]) Zu dem „ἀπόστολοι προσηγορεύθησαν" I 50[6] ist die ansprechende Vermutung Resch' zu vergleichen. (Der Quellenbericht über die ἀνάληψις des Herrn, Ztschr. f. kirchliche Wissenschaft u. k. L. 1889. S. 72 ff. vergl. ebendaselbst 1888. S. 84—91), dass die „Logien" ursprünglich mit einem Apostelkatalog geschlossen. Im übrigen muss ich hier allerdings betonen, dass ich mich mit den übrigen Vermutungen R.'s in jenem Artikel durchaus nicht einverstanden erklären kann.

ursprünglich nur gestanden τοῦτό μου ἐστι τὸ αἷμα und Paulus wie Mrk. dazu eine erklärende Glosse [1]) liefern. Also: τοῦτό ἐστι τὸ σῶμά μου — τοῦτό ἐστι τὸ αἷμά μου — τοῦτο ποιεῖτε εἰς τὴν ἐμὴν ἀνάμνησιν. Diese Worte haben wir als die festen Elemente der Abendmahlsrede erkannt. Und nun vergleichen wir damit J. Er zeigt ganz dieselben Worte, die wir soeben als ursprünglich und echt erkannt haben [2]).
Nun hat ferner Resch vermutet (s. Logion 22), dass Paulus 1. Cor. 11,26 ein Herrenwort voraussetzt, das ursprünglich die Abendmahlsworte beschlossen hätte:

ὁσάκις γὰρ ἂν ἐσθίητε τὸν ἄρτον τοῦτον καὶ τὸ ποτήριον τοῦτο πίνητε, τὸν θάνατον τὸν ἐμὸν καταγγέλλετε ἄχρις ἂν ἔλθω. (Constit. VIII 12 u. Parallelen s. b. R. S. 105 f.).

Ein Anklang an diese Worte dürfte bei J. zu finden sein: D. 41 ὃ εἰς ἀνάμνησιν τοῦ πάθους, οὗ ἔπαθεν Ἰησοῦς Χρ., ὁ κύριος ἡμῶν παρέδωκεν ποιεῖν.

Es ist nämlich nicht wahrscheinlich, dass J. diesen Gedanken — oder etwa auch die Abendmahlsworte selbst aus Paulus entlehnt. J. zeigt keineswegs eine ausgedehnte Kenntnis des Inhalts paulinischer Briefe, wie wir unten sehen werden. Höchstens könnte das hier und oben sich findende παρέδωκα(ν) dafür sprechen. Vrgl. I. Cor. 11,23. 15,3. Doch möchte ich eher vermuten, dass dem Paulus dieses Wort schon irgendwie quellenmässig vorgelegen.

Anhang: Der Taufbefehl bei J. J. schreibt I 61,14 ἐν τῷ ὕδατι ἐπονομάζεται τῷ ἑλομένῳ ἀναγεννηθῆναι καὶ μετανοήσαντι ἐπὶ τοῖς ἡμαρτημένοις τὸ τοῦ πατρὸς τῶν ὅλων καὶ δεσπότου θεοῦ ὄνομα, αὐτὸ τοῦτο μόνον ἐπιλέγοντος τοῦ τὸν λουσόμενον ἄγοντος ἐπὶ τὸ λουτρόν. Einige Zeilen später steht: καὶ ἐπ᾽ ὀνόματος δὲ Ἰησοῦ Χριστοῦ τοῦ σταυρωθέντος ἐπὶ Ποντίου Πιλάτου καὶ ἐπ᾽ ὀνόματος πνεύματος ἁγίου, ὃ διὰ τῶν προφητῶν προεκήρυξε . . . . Das sieht sehr verdächtig nach einer Glosse aus, die ein Abschreiber, der jene obige Taufformel nicht für genügend befand, hinzufügte. Da nun ferner 61,6 der Satz ἐπ᾽ ὀνόματος γὰρ τοῦ πατρὸς = τότε λουτρὸν ποιοῦνται ebenfalls den Zusammenhang in J.'s Text empfindlich stört, da wir ferner des öftern gesehen haben, mit welcher Unverfrorenheit die Abschreiber in J.'s Text gewirtschaftet haben,

---

[1]) Wie denn Paulus auch schon erklärend hinzusetzt τοῦτό μου ἐστὶν τὸ σῶμα τὸ ὑπὲρ ὑμῶν.

[2]) Immerhin bemerkenswert ist auch der Schluss des Abendmahlberichts καὶ μόνοις αὐτοῖς μεταδοῦναι. Im Hebräerev. finden wir die Behauptung, dass Jacobus, der Bruder des Herrn, am Abendmahl teilgenommen, vergl. auch das Apokryph 34 bei Resch S. 407.

so möchte ich behaupten ¹), hiermit Hilgenfelds von ihm selbst fallen gelassene Vermutung wieder aufnehmend, dass in J.'s Text die trinitarische Taufformel nicht gestanden.

§ 12. Schluss.

Wir sind am Ende unserer Untersuchung. Die Fragmente aus der Kindheitsgeschichte Jesu übergehe ich ²). Sie zeigen klar seine Anhängigkeit von Matth. und Lk., daneben Berührungen mit dem Protevangelium Jakobi. Die Logien, die speciell von Christi Auferstehung handeln, sind nur wenige, und sie bieten nichts charakteristisches, wenn man nicht das Fragment aus de resurrectione (cf. Hilgenfeld S. 126), hierher ziehen wollte. Doch darüber weiter unten.

Es hat sich uns erwiesen, dass J. neben unsern synoptischen Evangelien eine evangelische Tradition vorlag, die wir als sehr wertvoll erkannten. Wir haben ferner gesehen, dass dies sich nur erklären lässt durch Annahme ausserkanonischer Evangelienquellen. Wir haben dabei, der Erleichterung der Untersuchung wegen, gewöhnlich von einer Quelle geredet. Es wird nunmehr an der Zeit sein, diese Voraussetzung zu rechtfertigen. Wir sind nämlich an einer Reihe von Punkten auf Evangelienfragmente aufmerksam geworden, die eine ältere und wertvollere Überlieferung bieten, als unsre Synoptiker. Evangelienfragmente aber, die durchweg Herrenworte enthalten, die einen durchaus synoptischen Typus tragen, und die ursprünglicher und älter sind als die Parallelen in unsern Synoptikern, können mit grosser Wahrscheinlichkeit auf eine Quelle zurückführen, auf jene Sammlung von Herrenreden, die unserm Matth. u. Luk. vorgelegen hat. Haben wir aber einmal diese Quelle J.'s erkannt, dann dürfen wir auch alle wirklich festgestellten Eigentümlichkeiten in den Evangeliencitaten J.'s auf diese mit einiger Wahrscheinlichkeit zurückführen, wenn nicht bestimmt innere Gründe dagegen sprechen. Was die Art und Weise des Gebrauchs dieser Quelle von Seiten J.'s betrifft, so haben wir konstatieren können, dass J. gedächtnismässig stark von ihr beherrscht wird. Dass er ihr gedächtnismässig im kleinen selbst da folgt ³), wo er dem grossen Rahmen seiner Anführungen nach sich litterarisch von

---

¹) S. 250. Anm. 2.
²) Ihre Eigentümlichkeiten sind zusammengestellt bei Resch S. 470.
³) Z. B. in der Bergpredigt.

den Synoptikern abhängig erweist. Unsre Synoptiker scheint er nicht besonders im Gedächtnis gehabt zu haben. Das zeigt der Taufbericht, bei dem ihn seine dogmatische Stellung eigentlich zu ihrem Bericht hätte hindrängen müssen. Wenn er dann einmal den Lukas an einer Stelle fast wörtlich ausschreibt, so hat er das eben nicht gedächtnismässig gethan. Dieselbe Beobachtung konnten wir machen bei dem Logion von der Zeichenforderung, und letztlich wiederum bei dem Taufbefehl. So können wir vermuten, dass ein grosser Teil der Logien J.'s in der That aus seiner Quelle stammt.

Zu einem klaren Überblick über Umfang und Gesammtcharakter der Quelle reichen leider unsre Fragmente nicht aus. Die wenigen gemeinsamen charakteristischen Züge derselben sind bereits im Lauf der Untersuchung angemerkt. Es giebt aber noch einen Weg, der zu grösserer Bestimmtheit und Klarheit führen könnte, eine Untersuchung sämmtlicher Evangeliencitate derjenigen Schriften, deren Übereinstimmung mit den Evangeliencitaten J.'s wir so oft konstatieren konnten. Dazu möchte meine Schrift ein Beitrag sein. Das jedenfalls dürfte erwiesen sein, dass hier noch Probleme ihrer Lösung harren.

§ 13. Anhang I. J. und das Johannesevangelium.

Diese Frage denke ich nur in einer ganz bestimmten Abgrenzung zu untersuchen. Hat J. das Johannisevangelium so im Gedächtnis, dass es wahrscheinlich ist, dass ihm, wo er gewillt ist, synoptisches Material zu bringen, sich johanneische Reminiscenzen einmischen?

Dabei ist schon ein Resultat des Verhältnis J.'s und des Johannesevangeliums betreffend, vorausgesetzt, so wie es namentlich Thoma[1]) in seiner Untersuchung präcisiert hat. J. rechnet das Johannesevangelium nicht zu den Apomnemoneumata, betrachtet es nicht als Geschichtsquelle für das Leben des Herrn, noch als Quelle für Herrensprüche, sondern als Lehrschrift. Niemals citiert J. das Evang. als Apomnemoneuma. Man hat dagegen eine Stelle ins Feld geführt, D. 105³, wo es heisst μονογενής γὰρ ὅτι ἦν τῷ πατρὶ τῶν ὅλων οὗτος, ἰδίως ἐξ αὐτοῦ λόγος καὶ δύναμις γεγενημένος, καὶ ὕστερον ἄνθρωπος διὰ τῆς παρθένου γενόμενος, ὡς ἀπὸ τῶν ἀπομνημονευμάτων

---

[1]) Ztschr. f. W. Th. 1875. J.'s Verhältnis zu Paulus und zum Joh.-Ev.

ἐμάθομεν, προεδήλωσα. Doch hat Thoma 551 f. zur Genüge bewiesen, dass hier nicht von einer Berufung auf das Johannesevangelium als ἀπομνημόνευμα die Rede sein kann. Es liesse sich noch hinzufügen, dass J. um das μονογενής [1]) des Psalmes, denn dorther entnimmt er das Wort, als eine Bezeichnung Christi aus den Apomnemoneumata zu rechtfertigen, dieses Wort erst umschreiben muss ἰδίως ἐξ αὐτοῦ λόγος καὶ δύναμις γεγεννημένος καὶ ὕστερον ἄνθρωπος διὰ τῆς παρθένου γενόμενος, um dann erst hinzufügen zu können ὡς ἀπὸ τῶν ἀπομνημονευμάτων ἐμάθομεν. Denn in diesen Apomnemoneumata stand ja die wunderbare Geburt Christi, mit dieser aber war zugleich bewiesen, dass Christus der Logos sei ἰδίως ἐξαὐτοῦ γεγεννημένος. Hierfür konnte also J. sich auf die Apomnemoneumata berufen. Aber keineswegs dachte er daran, dass das Wort μονογενής im Johannesevangelium stehe.

Ausserdem scheint J. einmal ein Herrenwort [2]) zu bieten, das aus dem Johannesevangelium entlehnt ist:

I 61 [7] καὶ γὰρ ὁ Χριστὸς εἶπεν· ἂν μὴ ἀναγεννηθῆτε, οὐ μὴ εἰσέλθητε εἰς τὴν βασιλείαν τῶν οὐρανῶν. ὅτι δὲ καὶ ἀδύνατον εἰς τὰς μήτρας τῶν τεκουσῶν τοὺς ἅπαξ γεννωμένους [3]) ἐμβῆναι, φανερὸν πᾶσίν ἐστιν. Das Wort weicht jedoch beträchtlich von Joh. 3. 3. 5 ab. Und es finden sich zu demselben noch folgende Parallelen:

Ps. Clem. Hom. XI 26 [4]) ἀμὴν ὑμῖν λέγω, ἐὰν μὴ ἀναγεννηθῆτε (ὕδατι ζῶντι, εἰς ὄνομα πατρὸς υἱοῦ ἁγίου πνεύματος) οὐ μὴ εἰσέλθητε εἰς τὴν βασιλείαν τῶν οὐρανῶν.

Ferner scheint auch Clemens Al. dies Wort gekannt zu haben:

Cohortatio ad Gr. IX 82 [5]) ἥκετε ἥκετε νεολαία ἡ ἐμή, ἢν γὰρ μὴ αὖθις ὡς τὰ παιδία γενήσεσθε καὶ ἀναγεννηθῆτε, ὡς φησιν ἡ γραφή, οὐδ᾽ οὐ μὴ εἰσελεύσεσθέ ποτε εἰς τὴν βασιλείαν τῶν οὐρανῶν.

Paed. I 5₁₂. S. 104 ἐὰν μὴ στραφῆτε καὶ γένησθε ὡς τὰ παιδία ταῦτα οὐ μὴ εἰσέλθητε εἰς τὴν βασιλείαν τῶν οὐρανῶν. οὐ τὴν ἀναγέννησιν ἐνταῦθα ἀλληγορῶν . . . .

An Varianten des Johannestextes kommen folgende in Betracht:

---

[1]) Cf. D. 105².
[2]) Über dieses Logion handelt Volkmar über J. und sein Verhältnis zu unsern Evangelien. Zürich 1853. Die übrige Litteratur s. b. Otto zu dieser Stelle.
[3]) Die Handschr. γενομένους (s. Otto).
[4]) S. 117₈ Das eingeklammerte ist offenbar späterer Zusatz, was schon das ὕδατι ζῶντι beweist.
[5]) S. 69.

Jo. 3₃ renatus fuerit denuo a. b. c ff.² q. vlg.; 3₅ ἀναγεννηθῇ Iren. renatus¹) fuerit it. vlg.; βασιλεία τῶν οὐρανῶν אᶜ ˢᶜʳ· e. m. Origenes (2 mal), Constit. VI 15 alii. (s. Tischendorf).

Endlich ist noch zum Vergleich heranzuziehen:
1. Petr. 1₂₃ ἀναγεγεννημένοι οὐκ ἐκ σπορᾶς φθαρτῆς, ἀλλὰ ἀφθάρτου διὰ λόγου ζῶντος θεοῦ καὶ μένοντος.

Dass hier ein eigentümlicher Text vorliegt, beweist 1) die Übereinstimmung zwischen J. und Ps. Clemens, 2) das überall wiederkehrende charakteristische ἀναγεννᾶσθαι, 3) die anscheinende Bekanntschaft von Clemens Al. und I. Petrus mit diesem Logion, 4) das Eindringen einiger Lesarten dieses Logions in den western text, 5) der Ausdruck βασιλεία τῶν οὐρανῶν. — Nicht am wenigsten entscheidet endlich der Zusammenhang bei Johannes. Das ἄνωθεν γεννηθῆναι (3₃) kann man jedenfalls nicht übersetzen mit „wiederum" „zum zweiten Mal"²) geboren werden. Das ist sprachlich nicht möglich (s. Weiss Kommentar S. 146). Die Übersetzung „von vorne an", wie Weiss sie vorschlägt, giebt einen wenig annehmbaren Sinn, am besten passt auch nach johanneischem Sprachgebrauch die Übersetzung „von oben her". Zu dieser Fassung passt nun aber wiederum die Nikodemusfrage garnicht, und wenn auch Johannes es liebt, den Faden der Reden Jesu an Missverständnissen seitens seiner Gegner sich abspinnen zu lassen, so läge hier doch ein ganz wunderbares Missverständnis vor. Vielmehr setzt die Nikodemusfrage ein ἀναγεννηθῆναι in dem Herrenwort voraus, und somit ist zu vermuten, dass Joh. hier schon einen ihm vorliegenden Bericht bearbeitet hat, dabei aber den Gedankenzusammenhang, indem er das ἀναγεννηθῆναι durch ein ἄνωθεν γεννηθῆναι ersetzte, gestört hat. Dieses Logion aber haben wir jetzt noch bei J. und Ps. Clem. Vergleichen wir nun diesen Herrenspruch J.'s mit seinen Parallelen bei den Synoptikern, so sehe ich nicht ein, weshalb man (mit Volkmar)³) das Logion von der Wiedergeburt für weniger ursprünglicher halten sollte, als den Spruch: wenn ihr nicht umkehrt und werdet wie die Kinder, weshalb nicht ein so urkräftiges Wort und Bild, wie das obige aus Jesu

---

¹) Dass diese Lesarten erst durch spätere Änderungen in den Text eingedrungen, dazu vergleiche Cyprian sententia episcop. 5. S 439. Ep. 62₁. 775; 73₂₁. 795, überall schwanken die Handschr. zwischen einfachen natus und renatus, an letzterer Stelle auch zwischen regnum Dei und regnum coelorum.

²) Dagegen spricht auch nicht Gal. 4₁₃ πάλιν ἄνωθεν. Hier ist eben das „wiederum" durch πάλιν ausgedrückt, ἄνωθεν bedeutet: von vorne an.

³) A. a. O. S. 23.

Munde selbst stammen könnte, zumal da hier noch ganz und gar nicht irgend ein Bezug auf die Taufe vorhanden ist. Auch die Kombinationen, die wir bei Clemens Al. zwischen unserm Spruch und dem verwandten synoptischen vorfinden (s. o.) sprechen dafür, dass beide Logien dem Kreise synoptischer Überlieferung angehörten. So dürfen wir nach allen diesen Ausführungen die Vermutung wagen, dass J. das Logion von der Wiedergeburt seiner bekannten Quelle entnommen.

Also können wir bei dem obengenannten Resultat bleiben: nirgends citiert J. johanneische Logion als Herrenworte.

III. Wie stehts aber mit dem — etwa noch unbewussten zufälligen — Gebrauche des Evangeliums als Geschichtsquelle? Zunächst müssen wir hier ein negatives Resultat konstatieren. J. folgt im ganzen Geschichtsverlauf den Synoptikern, auch da wo sie gegen Joh. stehn. Er ist wie Joh. durchdrungen von dem vorweltlichen Sein Christi, als des Logos, aber er nimmt seine Beweise nicht aus dem Johannesevangelium, sondern er sucht sie mühsam aus den Synoptikern zusammen. Die wunderbare Geburt, das Bekenntnis Petri müssen dazu dienen. In einem Zusammenhang, der uns Dialog. 102 geboten wird, sollte man ein Wort wie Joh. 8$_{46}$ erwarten, aber der Beweis für die Sündlosigkeit Jesu wird aus Jes. 53 geführt. D. 102^{16} 103^{29} wird erzählt, dass Jesus vor Pilatus geschwiegen habe, J. war also der johanneische Bericht hier nicht gegenwärtig. Bemerkenswert ist auch folgende Stelle D. 111^8 ἦν γὰρ τὸ πάσχα ὁ χριστὸς ὁ τυθεὶς ὕστερον. Dazu ist zu vergleichen Note 10 καὶ ὅτι ἐν τῇ ἡμέρᾳ τοῦ πάσχα συνελάβετε αὐτὸν καὶ ὁμοίως ἐν τῷ πάσχα ἐσταυρώσατε γέγραπται. Aus dieser Stelle geht hervor, dass J. als den Todestag Christi den grossen Passahfesttag kennt, also der synoptischen Tradition folgt, während doch seine Vergleichung Christi mit dem Passahlamm eigentlich ihn zum Johanneischen Bericht hingeführt haben sollte. Mit Joh. citiert J. Ps. 22 V. 19, aber er bringt nicht die Erfüllung der Weissagung nach Joh., sondern erzählt die Verlosung der Kleider Jesu nach den Synoptikern. Mit Joh. bringt er den Spruch Sacharja 12$_{10}$ zu wiederholten Malen, sogar in demselben Wortlaut, wie jener, aber jedesmal fehlt bei ihm die Anwendung, die dieser von jenem Spruche macht. Dagegen meint Thoma, dass J. sich im Taufbericht von Joh. abhängig erweise. Das gegenseitige Verwandschaftsverhältnis zwischen J. und Joh. haben wir oben schon anders zu lösen versucht.

Es bleiben zwei armselige Berührungen. I 22 erwähnt J. ἐκ γενετῆς πηροί¹), die Jesus geheilt habe. Und diese πηροί

---

¹) Viel auffälliger ist hier die Parallele Const. V 7.

können dem ganzen Zusammenhang nach nichts andres sein als Blinde. Die Heilung eines Blindgeborenen erzählt unter den Evangelisten nur Joh. D. 69¹⁴·¹⁵ wird Jesus nach J. ein $λαό-πλανος$¹) und $μάγος$ genannt. Dazu aber finden wir auch anderswo zahlreiche Parallelen²). War J. nun überhaupt mit dem Johannesevangelium bekannt? So zuversichtlich wie Thoma möchte ich die Frage nicht beantworten. Th. hat ein scheinbar erdrückendes Material herbeigewälzt, das jedoch der Sichtung der leichter und schwerer wiegenden Gründe dringend bedürftig ist.

Dass J.'s Theologie sich aufbaut auf der Auffassung Christi als des Logos, dass er ihm vorweltliches Sein bei Gott zuspricht, dass er mit einer Beziehung auf Sap. 8 von einem Verkehr des Logos mit Gott redet, dass er den Logos $θεός$ oder gar $ὁ\ θεός$ nennt, dass er ihn (nach Ps. 22) als $μονογενής$ bezeichnet, dass er von der Weltschöpfung durch den Logos spricht, sind doch alles Begriffe und Theologumena, die zu J.'s Zeit Gemeingut der Kirche zu werden begannen, die vielleicht ja auf Johannes zurückführen, aber nicht die direkte Abhängigkeit J.'s von Joh. zu beweisen vermögen. Nun gar der Begriff des „$φῶς$" bei J., unter dem er die erleuchtende Offenbarungskraft des Logos unter allen Menschen, die einem Socrates und Plato ihre Weisheit verlieh, versteht, ist doch nicht in Parallele zu stellen mit dem johanneischen Begriff von $φῶς$³); ebensowenig ist der philosophisch-spekulative Begriff J. von $ζωή$⁴), in Beziehung zu setzen mit dem johanneisch-mystischen.

Dass J. D. 114¹⁸ das was Christus seinen Gläubigen gebracht, erst in dem Bild der Beschneidung, dann in dem der Austeilung lebendiger Wasserströme zusammenfasst⁵), beweist doch nicht, dass er Joh. 7, 21—37 vor sich gehabt, wo erst von der Beschneidung, dann von den lebendigen Wasserströmen die Rede ist⁶). Freilich nach Thoma muss J., wenn er — in Umdeutung des alttestamentlichen Spruches schreibt $μὴ\ ἔρημον\ ᾖ$,

---

¹) cf. Jo. 7₁₂.
²) S. Credner 255.
³) Man würde sich d. Verständnis des Joh.-Ev. von vorneherein verschliessen, wenn man im Prolog das $ἡ\ ζωὴ\ ἦν\ τὸ\ φῶς\ τοῦ\ κόσμου$, $καὶ\ τὸ\ φῶς\ φαίνει\ ἐν\ τῇ\ σκοτίᾳ$ -$εἰς\ τὰ\ ἴδια\ ἦλθεν$ auf eine allgemeine präexistente Wirksamkeit des Logos unter den Menschen beziehen wollte.
⁴) Man vergl. nur das sechste Kapitel des Dialogs und den dort entwickelten Lebensbegriff.
⁵) Thoma a. a. O. S. 520.
⁶) Eine Aulehnung an Joh. in dem letzteren Bilde wäre freilich möglich. Doch konnte der Gedanke an die Taufe jedem Schriftsteller solche Vergleiche in die Feder führen.

οὗ ἐστι τὸ ὄρος Σιών an Joh. 4,21 gedacht haben[1]) wenn er dann fortfährt mit Jer. 3,8 ὅτι Ἱερουσαλὴμ βιβλίον ἀποστασίας ἔδωκα, muss er die vermeintliche Anspielung der Samariterin mit ihren fünf Männern auf das ehebrüchige Juda und Israel vor Augen gehabt haben, eine Typologie, die zu erkennen, doch erst der Scharfsinn des neunzehnten Jahrhunderts ausgereicht. J. kann wiederum nicht schreiben, dass man Gott λόγῳ καὶ ἀληθείᾳ verehre, ohne dass er an Joh. 4,24 denkt. Dass J. und Joh. eine ähnliche Auffassung der Eucharistie haben, kann doch ebenfalls nichts beweisen. Die von Moses in der Wüste erhöhte Schlange als Typus des Kreuzes Christi zu benutzen, war ein Theologumenon, das sehr weit verbreitet war.

Doch es kann nicht meine Aufgabe sein, allen Parallelen, die Thoma hier mit mannigfach verschwendetem Scharfsinn beigebracht, nachzugehen, ein Dutzend schlechte Gründe ergeben zusammen noch nicht einen guten. Ich beschränke mich darauf, die wenigen Stellen zusammenzustellen, aus denen man mit einem Schein von Wahrscheinlichkeit auf Abhängigkeit J.'s von Joh. schliessen kann.

Joh. 1,12 ὅσοι δὲ ἔλαβον αὐτὸν, ἔδωκεν αὐτοῖς ἐξουσίαν τέκνα θεοῦ γενέσθαι.

D. 123,29 ἡμεῖς ἀπὸ τοῦ γεννήσαντος ἡμᾶς εἰς θεὸν χριστοῦ ... καὶ θεοῦ τέκνα ἀληθινὰ καλούμεθα καί ἐσμεν.

Joh. 10,18 ἐξουσίαν ἔχω θεῖναι αὐτὴν καὶ ἐξουσίαν ἔχω πάλιν λαβεῖν αὐτήν. ταύτην τὴν ἐντολὴν ἔλαβον παρὰ τοῦ πατρός μου.

D. 100,3 μετὰ τὸ σταυρωθῆναι ἀνίστασθαι μέλλων τῇ τρίτῃ ἡμέρᾳ ἐκ νεκρῶν, ὃ ἀπὸ τοῦ Πατρὸς αὐτοῦ λαβὼν ἔχει.

Joh. 13,3 εἰδὼς ὅτι πάντα παρέδωκεν αὐτῷ ὁ πατὴρ εἰς τὰς χεῖρας.

D. 106,1 καὶ ὅτι ἠπίστατο τὸν πατέρα αὐτοῦ πάντα παρέχειν αὐτῷ[2]).

Joh. 14,29 εἴρηκα ὑμῖν πρὶν γενέσθαι, ἵνα ὅταν γένηται, πιστεύσητε.

I 33,2 ταῦτα ὁ θεός προεμήνυσε ... μέλλειν γίνεσθαι, ἵνα ὅταν γένηται, μὴ ἀπιστηθῇ, ἀλλ' ἐκ τοῦ προειρῆσθαι πιστευθῇ.

D. 27,20 u. 29,8 bringt J. je ein synoptisches und ein johanneisches Wort, das Jesus in Bezug auf die Sabbatsheiligung

---

[1]) Thoma S. 521 f. J. D. 114,20.

[2]) Hier konnten wir auch eine gemeinsame Quelle vermuten. Denn J. bringt dieses Wort in einem Zusammenhang, in dem die Annahme einer besondern Quelle wahrscheinlich wurde. Bei Joh. stehen diese Worte dem ganzen Gedankenzusammenhang etwas vereinsamt gegenüber. (cf. S. 256.)

gesprochen, aber — und das ist sehr bemerkenswert — nicht als Herrenworte, sondern als seine eignen Beweise gegen die falsche Sabbatsheiligung der Juden.

Aus diesen beigebrachten Stellen ist nun zwar mit einiger Wahrscheinlichkeit zu schliessen, dass J. das Johannesevangelium gekannt hat. Auf der andern Seite aber zeigt die Dürftigkeit dieser Anklänge, dass J. gedächtnismässig nur sehr schwach vom Johannesevangelium beherrscht ist, und dass es daher höchst unwahrscheinlich ist, dass ihm da, wo er sich bewusst ist, aus den Apomnemoneumata zu schöpfen, synoptischer Evangelientradition zu folgen, — zumal da er das Johannesevangelium principiell als Geschichtsquelle nicht benutzte — johanneische Reminiscenzen sich in unbewusster Weise aufgedrängt hätten.

§ 14. Anhang II. J. und Paulus.

Nach derselben Richtung ist nun auch das Verhältnis J.'s zu Paulus zu untersuchen.

Die Berührungen J.'s mit P. in den alttestamentlichen Citaten haben wir schon oben besprochen [1]). Die frappanteste Übereinstimmung im Citat von 1. Kö. $19_{10.18}$ kann nichts dafür beweisen, dass J. sehr stark gedächtnismässig von P.'s Schriften beeinflusst gewesen. Denn entweder liegen hier Textkorrekturen vor, oder aber, wenn der Wortlaut, den wir jetzt bei J. finden, ursprünglich ist, so beweist die wörtliche Übereinstimmung eben nur das, dass J. hier den paulinischen Text aufgeschlagen und ausgeschrieben hat. Die sonstigen Berührungen mit dem Gedankenzusammenhang des P., die Thoma an solchen Stellen, wo J. und P. in ihren alttestamentlichen Citaten zusammengehen, hat finden wollen, sind an den Haaren herbeigezogen. Auch über die Berührungen J.'s im Abendmahl mit P. ist schon verhandelt. Thoma beruft sich namentlich auf folgende Parallele:

D. 41 ὃν εἰς ἀνάμνησιν I.   1. Cor. 11_{23} ἐγὼ γὰρ παρέ-
Χρ. ὁ κύριος ἡμῶν παρέδωκεν   λαβον ἀπὸ τοῦ κυρίου, ὃ καὶ
ποιεῖν.   παρέδωκα ὑμῖν.

---

[1]) Wenn J. Dt. 21_{23} nach Gal. 3_{13} (D. 96_1, cf. 89^4) und Dt. 27_{26} nach Gal. 3_{10} (D. 96^1) citiert, so ist das leicht erklärlich. Denn es handelt sich hier um sprichwörtliche Sätze, die in jedermanns Munde waren. Wenn er Ps. 67_{18} (D. 39^9 u. 87^{13}) nach Eph. 4_8 citiert, so ist vielleicht eine gemeinsame Quelle zu vermuten (s. Credner a. a. O. B. II zu dieser Stelle).

Schon oben haben wir die Vermutung ausgesprochen, dass diese Berührung vielleicht zur Annahme einer gemeinsamen Quelle führen konnte, deren etwaigen Wortlaut uns J. noch in dem ὁ κύριος ἡμῶν παρέδωκεν ποιεῖν überliefert hätte. Ich stelle nunmehr, ohne Thoma in allen seinen Ausführungen und den mannigfachen Bezügen, die er wiederum zwischen J. und P. entdeckt zu haben meint, nachzugehen, sofort die Stellen zusammen, die mir wirklich beweisend zu sein scheinen.

Rö. 2₄ [1]) ἢ τοῦ πλούτου τ. χρηστότητος αὐτοῦ καὶ τῆς ἀνοχῆς... καταφρονεῖς, ἀγνοῶν ὅτι τὸ χρηστὸν τοῦ θεοῦ εἰς μετάνοιάν σε ἄγει;

D. 47¹⁷ ἡ γὰρ χρηστότης καὶ ἡ φιλανθρωπία τοῦ θεοῦ καὶ τὸ ἄμετρον τοῦ πλούτου αὐτοῦ τὸν μετανοοῦντα ἀπὸ τ. ἁμαρτημάτων ὡς δίκαιον... ἔχει.

D. 29¹¹ ἀλλὰ κ' ἂν Σκύθης ᾖ τις ἢ Πέρσης, ἔχει δὲ τὴν τοῦ θεοῦ γνῶσιν καὶ τοῦ Χρ. αὐτοῦ.

Col. 3₁₀ τὸν ἀνακαινούμενον εἰς ἐπίγνωσιν κατ' εἰκόνα τοῦ κτίσαντος αὐτόν, ὅπου οὐκ ἔνι Ἕλλην κ. Ἰουδαῖος, Σκύθης.

D. 11³ νυνὶ δὲ ἀνέγνων, ὅτι ἔσοιτο καὶ τελευταῖος νόμος καὶ διαθήκη κυριωτάτη πασῶν, ἣν νῦν δέον φυλάσσειν πάντας ἀνθρώπους, ὅσοι τῆς τοῦ θεοῦ κληρονομίας ἀντιποιοῦνται.

Gal. 3₁₇ διαθήκην προκεκυρωμένην... νόμος οὐκ ἀκυροῖ... εἰ γὰρ ἐκ νόμου ἡ κληρονομία.

D. 23⁸ καὶ γὰρ αὐτὸς ὁ Ἀβραὰμ ἐν ἀκροβυστίᾳ ὢν διὰ τὴν πίστιν, ἣν ἐπίστευσε τῷ θεῷ, ἐδικαιώθη καὶ εὐλογήθη, ὡς ἡ γραφὴ σημαίνει, τὴν δὲ περιτομὴν εἰς σημεῖον, ἀλλ' οὐκ εἰς δικαιοσύνην ἔλαβεν.

Rö. 4 ₉—₁₁ ἐλογίσθη τῷ Ἀβραὰμ ἡ πίστις

καὶ σημεῖον ἔλαβε τ. περιτομῆς σφραγῖδα τῆς δικαιοσύνης τῆς πίστ. τ. ἐν τ. ἀκροβυστίᾳ.

D. 114¹⁸ τὸ ὄνομα τὸ τῆς καλῆς πέτρας, καὶ ζῶν ὕδωρ ταῖς καρδίαις τῶν δὲ αὐτοῦ ἀγαπησάντων τὸν πατέρα τῶν ὅλων βρυούσης.

1. Cor. 10₄ ἔπινον ἐκ πνευματικῆς ἀκολοθούσης πέτρας, ἡ πέτρα δὲ ἦν ὁ χριστός.

D. 111⁸ ἦν γὰρ τὸ πάσχα ὁ Χριστὸς ὁ τυθεὶς ὕστερον.

1. Cor. 5₇ καὶ γὰρ τὸ πάσχα ἡμῶν ἐτύθη Χριστός.

---

[1]) Die anscheinende Übereinstimmung erklärt sich jedoch leicht aus dem Anschluss beider Stellen an Ezechiel 33₁₂—₂₀ und diesen, nicht etwa P. citiert ja auch J. hier ausdrücklich.

D. 14⁴ τοῦτο γάρ ἐστι τὸ σύμβολον τῶν ἀζύμων ἵνα μὴ τὰ παλαιὰ τῆς κακῆς ζύμης ἔργα πράττητε... διὸ καὶ... νέαν ζύμην φυρᾶσαι... ὁ θεὸς παρήγγειλεν...

1. Cor. 5₆ μικρὰ ζύμη ὅλον τὸ φύραμα ζυμοῖ; ἐκκαθάρατε τὴν παλαιὰν ζύμην, ἵνα ἦτε νέον φύραμα.

D. 42⁷ πολλῶν ἀριθμουμένων μελῶν τὰ σύμπαντα ἓν καλεῖται καί ἐστι σῶμα.

1. Cor. 12₁₂ πάντα δὲ τὰ μέλη τοῦ σώματος πολλὰ ὄντα ἕν ἐστι σῶμα.

D. 134¹⁰ ἐδούλευσε καὶ τὴν μέχρι σταυροῦ δουλείαν.

Phil. 2₈ γενόμενος ὑπήκοος μέχρι θανάτου... σταυροῦ.

D. 12 konnte man in der Art der Polemik gegen die Juden einen Anklang an Rö. 2₂₃ finden, ebenso in den Stellen, die vom Antichrist handeln D. 110. 32. Anklänge an 2. Thess. 2.

Diese Stellen beweisen eine Bekanntschaft J.'s mit Paulus, aber es sind ihrer doch so wenige, dass sie schon auch nur bei einmaligem Lesen paulinischer Briefe im Gedächtnis haften bleiben konnten. Dass J. wirklich in längeren zusammenhängenden Ausführungen sich von P. abhängig erweist, hat Thoma nicht zu erweisen vermocht. Es ist nach alledem — das nur kann uns auch hier wiederum von Wichtigkeit sein — im höchsten Grade unwahrscheinlich, dass J. da wo er ausdrücklich aus den Apomemoneumata citiert, Erinnerungen an paulinische Briefe hätte mit überfliessen lassen können.

§ 15. Anhang III. Die pseudojustinsche Schrift de resurrectione.

Resch hat neuerdings die Echtheit dieser Schrift behauptet (S. 230), allein aus dem Grunde, dass J.'s Evangeliencitate in ihren Eigentümlichkeiten mit denen, die in der Schrift de resurrectione vorkommen, harmonisieren.

Dagegen muss die alte Position gewahrt werden, die neuerdings fast alle Forscher auf diesem Gebiet vertreten. Es ist dabei zu bemerken, dass fast alle Gelehrten, die dem J. die Schrift absprechen, daneben dieselbe doch für eine alte Schrift des zweiten Jahrhunderts erklären. Es wird nach zeigen, ob sich diese Annahme halten lässt. Zunächst ergab sich mir aus der erneuten Durchforschung des Materials in Hinsicht der äusseren Bezeugung der Schrift eine günstigere Position. Procopius von Gaza († 527) bezeugt eine Schrift J.'s περὶ ἀναστάσεως und erzählt, dass J. hier die Meinung der Häretiker wiederlegt, dass Gen. 3,21 die Entstehung der fleischlichen Körper der Menschen in allegorischer Weise angedeutet sei. Diese Stelle findet sich heutzutage nicht mehr in der uns vorliegenden Schrift, freilich ist unsre Schrift nur ein Fragment und hat entschieden Lücken (s. bei Otto Schluss von Cap. 9 u. 10). Dürfen wir nun vermuten, dass gerade an diesen Stellen etwa jene Exegese von Gen. 3,21 gestanden? Es lässt sich wenigstens zur höchsten Wahrscheinlichkeit bringen. Unsre Schrift berührt sich nämlich in auffallendster Weise mit der Schrift Tertullians de resurrectione, so dass sie oft Satz für Satz mit einander parallel laufen. Nun aber findet sich Tertullian a. a. O. VII der Satz: neque enim ut quidam volunt illae pellicae tunicae, quas Adam et Eva paradiso exuti induerunt, ipsae erant carnis ex lino reformatio. Dieser Satz steht ferner in einem Kapitel, das sich sehr stark mit unsrer Schrift berührt. Also ist es fast sicher, dass Procopius mit jener Nachricht eben unsre Schrift vor Augen hatte. Aber damit ist die Echtheit der Schrift noch nicht erwiesen, mit den inneren Gründen steht es nämlich viel schlechter, ja ich möchte geradezu behaupten, dass die Schrift dem zweiten Jahrhundert nicht angehört. Zunächst ist zu beweisen, dass Ps.-J. von Tertullian abhängig ist.

Ps. J. IX² νεκροὺς ἀνέστησε. τίνος ἕνεκεν; οὐχ ἵνα δείξῃ τὴν ἀνάστασιν οἷα μέλλει γίνεσθαι; ... εἰ δὲ ἦν πνευματικὴ μόνη ἡ ἀνάστασις, ἔχρην ἀναστάντα αὐτὸν κατ' ἰδίαν μὲν δεῖξαι τὸ σῶμα κείμενον, κατ' ἰδίαν δὲ τὴν ψυχὴν ὑπάρχουσαν ... ἀνέστησε δὲ τὸ σῶμα τῆς ζωῆς τὴν ἐπαγγελίαν ἐν αὐτῷ πιστούμενος. ...

de res. 38 . . . mortuos resuscitantis. Cui rei istud? Si ad simplicem ostentationem potestatis aut ad praesentem gratiam redanimationis, non adeo magnum illi denuo morituros resuscitari? enimvero si ad fidem potius sequestrandam futurae resurrectionis; ergo et illa corporalis praescribitur de documenti sui forma; nec sustinebo dicentes idcirco hanc resurrectionem animae soli destinatam in carnem quoque praecucurrisse, quia non potuisset aliter ostendi resurrectio animae invisibilis, nisi per visibilis substantiae resurrectionem.

Hier kann der Zusammenhang J.'s überhaupt nur aus Tert. verstanden werden. Wie kommt Ps. J. überhaupt so unvermittelt auf den Gedankengang εἰ δὲ ἦν πνευματικὴ κ. τ. α., eine Überlegung, die doch durch die Thatsache der leiblichen

Totenauferweckung in keiner Weise nahegelegt war? Er weist hier den Einwand der Gegner ab, den wir bei Tert. eingeleitet durch ein nec sustinebo vorfinden. Oder wäre es umgekehrt denkbar, dass Tert. aus den thetischen Ausführungen Ps. J.'s sich erst den Einwurf seiner Gegner herausgesucht hätte?

Tert. Cap. 7 hat im lebendigen Streit mit seinen Gegnern zwei Arten derselben vor Augen, erstens solche, die die Weltschöpfung aus nichts mit der grossen Christenheit annehmen, zweitens diejenigen, die eine materia subjacens annehmen, beiden gegenüber beweist er die Möglichkeit der Fleischesauferstehung. Daraus ist bei Ps. J. 6 eine theoretische Auseinandersetzung mit den grossen Philosophen geworden, der Nachweis, dass bei jeglicher philosophischen Weltanschauung die Totenauferweckung möglich sei.

de res. 2 weist Tert. in heissem Kampfe mit den Gnostikern nach, dass ihre Anschauung von der Wertlosigkeit des Fleisches unmittelbaren Einfluss auf ihre Christologie habe. Ps. J. führt in demselben Zusammenhang (C. II[14]) als interessante Nebenbemerkung ein: „εἰσὶ δέ τινες οἳ λέγουσι καὶ αὐτὸν τὸν Ἰησοῦν πνευματικὸν μόνον παρεῖναι, μηκέτι ἐν σαρκὶ, φαντασίαν δὲ σαρκὸς παρεσχηκέναι.

Ps. J. behandelt die σάρξ ohne weiteres als Gott feindlich und vergleicht Gott, der dem Fleische gnädig sei, den Menschen, die das Gebot der Feindesliebe erfüllen. Das konnte ein Schriftsteller, der gegen die Gnostiker schrieb, noch nicht wagen. Man lese de res. 9 bei Tert. Wie charakteristisch anders lautet hier dieselbe Stelle.

Wenn die nun folgende Stelle echt wäre, so würde sie am schlagendsten beweisen, dass Ps. J den Text überarbeitet:

Ps. J. 10[1] ἀνάστασίς ἐστι τοῦ πεπτωκότος σαρκίου· πνεῦμα γὰρ οὐ πίπτει. ψυχὴ ἐν σώματί ἐστιν, οὐ ζῇ δὲ ἄψυχον σῶμα, ψυχῆς ἀπολειπούσης οὐκ ἔστιν. οἶκος γὰρ τὸ σῶμα ψυχῆς, πνεύματος δὲ ψυχὴ οἶκος.	de res. 18 cum audio resurrectionem homini imminere, quaeram necesse est, quid eius cadere sortitum sit, siquidem nihil resurgere exspectabit nisi quod aute occiderit, anima porro nec ... cadit ... sed ipsa est, quae ruinam corpori infert, cum effluxa est.

Hier scheint die zweiteilige Anthropologie durch eine dreiteilige ersetzt zu sein. Nun aber zeigt sich in Ps. J. Cap. 8 gerade das umgekehrte Phänomen, dort besteht eine genaue Wortparallele zwischen Ps. J. und Irenaeus, nur mit der Diffe-

---

[1]) S. VIII 34.

renz, dass dieser die dreiteilige, Ps. J. aber die zweiteilige Anthropologie hat [1]). Nimmt man nun an, dass Ps. J. den Irenaeus benutzt, so liesse sich diese Ersetzung einer Anthropologie durch die andre daraus erklären, dass Ps. J. im allgemeinen so dem Gedankengang Tertull. [2]) folgt, dass er den Satz des Ir., der vom $\pi\nu\varepsilon\tilde{\upsilon}\mu\alpha$ handelt, ganz übersehen, daneben aber doch persönlich die Dreiteilung festhielte, wie es aus Cap. 10 ersichtlich. Oder wir würden allerdings dazu gedrängt, anzunehmen, dass im Anfang von Cap. 10 eine spätere Überarbeitung vorliegt.

Dabei bliebe aber jedenfalls das Resultat bestehen, dass Ps. J von Tert. abhängig ist.

Auf dieselbe Annahme einer späteren Datierung der Schrift führen nun auch innere Gründe.

1. Was für Gegner hat Ps. J. vor sich? Hauptsächlich weder Ketzer, wie Tertullian sie bestreitet — diese werden ganz nebenbei mit $\tau\iota\nu\varepsilon\varsigma$ eingeführt, — noch Heiden, sondern Ungläubige, d. h. wahrscheinlich Weltchristen, die sich mit der leiblichen Auferstehung nicht befreunden konnten, „Ungläubige" im modernen Sinne. Man lese doch d. Argumentation 5³⁰ 6³² nach, nur bei solchen Gegnern hat sie einigen Sinn.

2. Der Verfasser entschuldigt sich [3]), wenn er ausserhalb des Christentums liegende Vernunftgründe gebraucht, das Christentum zu vertheidigen (5²¹). Das hätte ein Apologet des 2. Jh. kaum gethan. Ihm dagegen ist das Christentum die Wahrheit selbst, daher bedarf es keines Beweises und kann auch gar nicht bewiesen werden.

3. Er nennt die Ehe 3¹⁴ $\tau\grave{o}\nu\ \delta\grave{\iota}\ \grave{\varepsilon}\pi\iota\vartheta\upsilon\mu\acute{\iota}\alpha\varsigma\ \check{\alpha}\nu o\mu o\nu\ \gamma\acute{\alpha}\mu o\nu$ 3²⁸ $\sigma\upsilon\nu o\upsilon\sigma\acute{\iota}\alpha\ \check{\alpha}\nu o\mu o\varsigma$. Das sind Ausdrücke, die selbst über das von Tert. gebotene weit hinausgehen und die im zweiten Jahrhundert als ketzerisch angesehen würden, während doch unser Verfasser sich offenbarer Kirchlichkeit bewusst ist.

4. Dass ferner die Anthropologie dualistisch ist, braucht doch wohl nicht notwendig ins zweite Jahrhundert zu führen. Übrigens mag es immerhin sein, dass Ps. J. gar keiner bestimmten Anthropologie folgt, sondern nur dem Tert. nachschreibt.

5. Wenn der Verfasser davon spricht [4]), dass „wir" von Plato und Pythagoras gelernt haben $\pi\rho\grave{o}\ \tau o\tilde{\upsilon}\ \mu\alpha\vartheta\varepsilon\tilde{\iota}\nu\ \tau\grave{\eta}\nu\ \grave{\alpha}\lambda\eta\vartheta\varepsilon\acute{\iota}\alpha\nu$, so braucht das nicht notwendig auf eine persönliche Be-

---

[1]) S. d. Anm. 16 b. Otto.
[2]) Tert. a. a. O. c. 34 (cf. c. 8 und öfter) setzt bei seinen ganzen Ausführungen die Zweiteilung voraus.
[3]) Hilgenfeld S. 136 ff.
[4]) Cap. X 7.

kehrung des Verfassers bezogen zu werden. Er könnte auch von hellenischer Weisheit im allgemeinen reden. Die Polemik gegen die Juden [1]) mag aus den echten Schriften J.'s entlehnt sein. So wenig man jedoch aus diesem Umstand wird folgern können, dass Ps. J. mit J. identisch ist, ebensowenig wird man daraus schliessen dürfen, dass Ps. J. ins zweite Jahrhundert gehört.

So können wir, wie ich glaube, mit Recht diesen P. J. aus dem zweiten Jahrhundert in die erste Zeit der Reichskirche verweisen. Damit sind wir aber der Verpflichtung überhoben, die Herrensprüche, die sich in dieser Schrift finden, einer näheren Untersuchung zu unterziehen. Ich betone nur noch einmal, dass ich den Ausführungen Resch's [2]) über den Bericht von der $\mathit{\dot{\alpha}\nu\dot{\alpha}\lambda\eta\mu\psi\iota\varsigma}$ des Herrn, die er auf eines dieser Citate hauptsächlich stützt, durchaus nicht folgen kann. Für J. — soweit seine echten Schriften in Betracht kommen, — hat R. nicht etwa bewiesen, dass er eine besondere Evangelienquelle kannte, in der als Schluss ein Himmelfahrtsbericht stand, sondern nur, dass ihm schon eine Art symbolum geläufig war [4]).

---

[1]) Cap. X [11].
[2]) Vergl. d. beiden Abhandlungen in der Ztschr. f. kirchl. Wissensch. u. k. L. 1889.
[3]) Conf. Ps. J. IX [20].
[4]) S. d. Ausgabe der apost. Väter von Gebh. Harn. Zahn I 128 ff.

Inhaltsübersicht.

		Seite
§ 1.	Einleitung. Geschichtlicher Überblick	1
§ 2.	Vorbemerkungen	12
§ 3.	Die Apomnemoneumata	14
§ 4.	Die alttestamentlichen Citate Justins	18
§ 5.	Die gemeinsamen Citate des neuen Testaments und J.'s aus dem alten Testament	32
§ 6.	Methode und Grundsätze der Untersuchung	43
§ 7	Die Evangeliencitate J's. Der Taufbericht	54
§ 8.	Die Bergpredigt	71
§ 9.	Die eschatologischen Herrenworte bei J.	93
§ 10.	Sonstige bemerkenswerte Citate J.'s	98
§ 11.	Nachtrag	103
§ 12.	Der Leidensbericht	110
§ 13.	Anhang I. J. und das Johannesevangelium	115
§ 14.	Anhang II. J. und Paulus	121
§ 15.	Die pseudojustinische Schrift de resurrectione	123

www.ingramcontent.com/pod-product-compliance
Lightning Source LLC
Chambersburg PA
CBHW070502100426
42743CB00010B/1729